Sonhei com o anjo da
guarda o resto da noite

Ricardo Aleixo

Sonhei com o anjo da guarda o resto da noite

vidapoesia

todavia

Para Américo e Íris, desde e para sempre.
Para Fatima Aleixo, que chegou primeiro e está aqui.
Para Iná, Flora e Ravi, minhas crias. Para que saibam de amanhãs.
Para Leandro Sarmatz, editor e amigo, com o meu abraço grato.
Para Natália Alves, minha companheira de todas as viagens, amor.

A memória é como as águas de um rio em movimento. Águas que correm sobre o leito de um rio. Aumenta de volume e se renova ao se juntar ao fluxo das águas de outros rios. A recuperação da memória é praticamente impossível. Essa imagem do passado é escorregadia, esgueira-se entre os intervalos do tempo, nos labirintos das lembranças não evocadas, em que é negligenciada a celebração dos ritos fundamentais à conexão do antigo e do novo.

Elio Ferreira de Souza

Minha mãe nunca me disse: não fale com estranhos. Ela sabia. Todos nós somos estranhos. Então, seria melhor não dizer nada, pois ela sabia, logo eu saberia. Hoje estou aqui e olha, ela sabia, digo que gosto mesmo dos estranhos. Eles são os nossos reflexos e você sabe, reflexos encantam, e haja vida para buscá-los.

Jaider Esbell

Uma vez mais, as armadilhas da escrita se instalaram.
Uma vez mais, fui como uma criança que brinca
de esconde-esconde e não sabe o que mais teme ou
deseja: permanecer escondida, ser descoberta.

Georges Perec (em tradução de Paulo Neves)

A supressão da linguagem nas nossas linguagens nos leva a considerar como única a nossa luta para conservar e respeitar essas lembranças. E nossa linguagem é suprimida porque revela nossas culturas, consideradas diferentes pela cultura branca dominante e abastada. Permitir que nossa linguagem seja ouvida, as palavras e o modo de falar dos nossos antepassados, é revelar as profundezas do conflito entre nós e nossos opressores e os séculos em que esse conflito tem se manifestado, nem sempre em silêncio.

Alice Walker (em tradução de Aulyde Soares Rodrigues)

A três por quatro 11
Espaço grande 12
No meio do redemunho 17
Paraíso (nunca) perdido 24
Só se for por isso mesmo 31
Poesia ouvida 35
Sonhei com o anjo da guarda o resto da noite 39
O mundo pela metade 42
Caneta é tecnologia (de ponta) 45
A cidade da minha idade 48
Mitos habitam círculos 51
Um abraço em Lygia Pape 55
Cruz e Sousa e o lugar do negro 58
Enquanto a noite longa não termina 67
Memórias pobres 68
Menino calado 70
Poesia dança 72
No Campo Alegre 74
Paul Robeson 77
Escutar, ler e ver ao mesmo tempo 78
Será melhor se for um poema curto 80

Campos energéticos 82
Aconteceu maravia 92
Etnografia de mim mesmo 95
Projeto de escrita, projeto de vida 97
Os primeiros dias de Paupéria 101
Waly 106
Sabença 108
Sem salvação 109
Um homem sem geração 112
Uma conversa com alguém de muito longe 114
Sobre os jardins flutuantes de Mr. Taylor 118
CDA 119
No Lucas 120
Primeira vez na escola 123
Íris teria percebido 127
Gostei do jogo 130
Perigoportunidade 134
Íris 137
Saído da escola 139
Com Augusto 149
É certo que a poesia estará lá, rapaz 152

A três por quatro

Aos 18 já escapara
do Exército

e estava a poucos
meses de escapar

de vez da escola —
dividido entre

o jogo de bola
e o da poesia.

Dali até agora
do que mais

(e
como?)

escaparia
aquele tosco

Maiakóvski
de periferia?

Espaço grande

"Ogum gosta é de espaço grande, aberto. Por isso é que você viaja tanto", me disse, com as minhas mãos entre as dela, a saudosa dona Neusa, a pessoa-que-sabe com quem passei a me aconselhar depois que ela, dias após a morte do meu pai, em 2008, me abraçou na rua e me convidou para ir qualquer dia a sua casa, vizinha da minha no meu melhor lugar do mundo, o Campo Alegre. Da varanda do apartamento no bairro de Santa Teresa, no Rio de Janeiro, onde finalizo este livro, contemplo a vastidão da baía de Guanabara e penso no sentido profundo da frase da minha amiga e orientadora espiritual que tão bem define o meu jeito de ser e estar no mundo. Antigo menino criado na barra da saia da mãe, e que até os 21 anos nunca havia saído de Minas, tornei-me, como digo num poemacanto, "um poeta de rua/ da lua e da encruzilhada/ que fala a língua do povo/ ainda que um tanto entortada".

Sorrio ao recordar que as minhas duas primeiras viagens para longe de Minas Gerais se deram quando eu contava, respectivamente, 21 e 27 anos. Vim para este mesmo Rio de Janeiro nas duas ocasiões: na primeira, junto com a mana Fatima e a prima Tê, para conhecer uma irmã de Américo, meu pai, tia Alzira, que ficara décadas sem dar notícias à família e voltou a fazer contato por meio de longas cartas e de frequentes telefonemas; na segunda, para participar de um Encontro Internacional de Escritores Negros — além de ter feito o meu voo inaugural, pela Varig (faz parte da trilha sonora da minha infância aquele belo jingle natalino que começa com os versos "Estrela das Américas/ de norte a sul/ iluminando/ o céu azul"), tive a alegria de ir com todo o grupo à sede da Estação Primeira de Mangueira, a escola de samba do meu coração.

Essa segunda vinda ao Rio representou, também, a minha estreia como amador das ruas da área central das cidades do mundo. Bem entendido: eu nem sabia que no futuro me tornaria um viajante, apenas registro que foi muito prazeroso deambular pelo centro do Rio, naquele 1987 abençoado, com a mesma desenvoltura que me levava a dar bordejo pelas ruas e avenidas de Belo Horizonte. Em busca de nada, mas atento, sempre, à hipótese de alguma coisa (boa, não tão boa ou nada boa) acontecer ao dobrar uma esquina, ao entrar ou sair de uma livraria ou ao sentar num bar para tomar um trago, ler e escrever com calma durante uma tarde inteira, e depois sair novamente para me perder no espaço grande das ruas.

Em qualquer cidade por onde passo eu faço igual. No Brasil ou no exterior. Chego no hotel, deixo as malas no quarto e vou *ruar*. Na bolsa, um caderno e uma ou duas canetas — e, desde 2000 e pouco, o aparelho celular para fotografar, filmar ou gravar os sons do entorno. Muitas partes deste livro eu escrevi (ou reescrevi, às vezes, mentalmente) depois de bater perna por aí — um "aí" que, a contar a partir de 2018, incluiu Belo Horizonte, Salvador, Zurique, São Paulo, Teresina, e, ao longo de 2022, Berkeley, Barcelona e o Rio. O Rio está presente, aqui, como nenhum outro lugar, exceção feita ao Campo Alegre. Porque vim morar nesta cidade com o objetivo de, com distanciamento geopoético em relação ao conjunto de temas relativos à minha formação pessoal, artística e intelectual, reunir e dar tratamento literário à pletora de anotações feitas em dezenas de cadernos e folhas soltas, textos inconclusos dispersos pelo laptop, trechos de entrevistas concedidas por mim a diversos veículos ao longo de décadas, documentos familiares e postagens nas redes sociais que eu não conseguia transformar em livro tendo que dividir a atenção com a rotina da casa-ateliê, no Campo Alegre.

Foi bom ter vindo para este espaço grande. Que se subdivide em dois: o apartamento, que é amplo, pintado com cores claras e muito bem iluminado, e a rua. Aqui eu voltei a andar — no interior do apartamento e pelas ruas — sem medo de perder o equilíbrio, depois de ter sido submetido a uma delicada cirurgia de glaucoma, no ano passado, e essa novidade, assim espero, se fará notar na escrita dos capítulos, que projetei como espaços multissensoriais, desbordantes, grandes e cheios de pontas soltas, à espera de quem as queira aproximar. Já é muita coisa ter algum senso de equilíbrio e, junto com essa rara qualidade, cultivar uma outra, bem mais inusual: saber cair. Tenho comigo que tudo o que fiz de melhor, na vida e na arte, até hoje, relaciona-se com a demanda de aprender a cair e, *pelintramente*, isto é, sem demora e com mandinga e ginga, voltar a ficar de pé. Porque a viagem pelo espaço grande por onde o meu pai gosta de andar e de me levar junto com ele ainda não finda tão cedo.

Com este livro, que é contemporâneo do volume *Campo Alegre* (Conceito Editorial, coleção BH — A Cidade de Cada Um), também finalizado na temporada carioca, eu dou partida num projeto de prosa memorialística que resultará, se tudo sair a contento, em pelo menos três novos títulos. A prosa é um espaço grande, que deixei de priorizar, nos primeiros tempos da minha trajetória como escritor, em favor da poesia. A meta, agora, é inverter as prioridades. Não deixarei de escrever e publicar poemas, mas é seguro que a maior parte do meu tempo dedicado à escrita será dora em diante ocupado pela prosa. Há muito, ainda, o que contar sobre a experiência negra em Belo Horizonte, em Minas Gerais, no Brasil e no que venho chamando de *Áfricas dispersas* — atribuindo valor afirmativo à palavra "dispersão" — em diálogo com a antropóloga cultural e cineasta Sheila S. Walker, minha amiga, que prefere falar em "Áfricas espalhadas". Histórias de pessoas in/comuns, como as de meus pais e as de tantas outras figuras que, a despeito dos poucos anos de instrução formal, puderam escapar à anonimização das vidas negras promovida pelo racismo. Há muito a contar sobre mim mesmo — sobre a pessoa-muitas em que venho me tornando — e os bons encontros que a vida tem me proporcionado. Que Exu me dê bom texto.

Ricardo Aleixo
inverno de 2022

Fotografado pelo amigo e parceiro artístico Eustáquio Neves em 1995, nas imediações do Viaduto Santa Tereza, cujos arcos a geração de Drummond gostava de escalar para impressionar as moças.

No meio do redemunho

Como eu já disse, o povo da rua não desgruda o olho de mim, não sabe? Proteção. Porque eu canto a rua. Sou da rua. Quase não saio de casa, mas vou vivendo com a rua no pensamento. No coração. & quando me dá na veneta de fazer uma ruaçãozinha, de leve, eu faço, sim, porque sou filho de Ogum, mas não sou de ferro. Sendo um Zé qualquer, também. De José. Ricardo José.

O José do meu nome, que minha mãe escolheu para homenagear um dos irmãos dela e o pai do meu pai — e talvez, também, o pai operário do menino que todos os anos morrerá crucificado e sempre nascerá de novo. Não gosto da combinação: Ricardo José. Mas gosto, e muito, de cada um dos nomes em separado. Criança, aprendendo a escrever, amava a coincidência de haver, na junção dos meus dois primeiros nomes, as iniciais do Rio de Janeiro. Um lugar mítico, por aquela época em que nem viajávamos nem tínhamos TV em casa. Onde, de nós quatro lá de casa, apenas minha mãe já havia posto os pés. Num Congresso Eucarístico, nos anos 1950, ela, ainda solteira, fazendo parte da representação mineira da Juventude Operária Católica, a famosa JOC.

Das muitas revistas que tínhamos em casa, para compensar a total ausência de livros, me lembro em especial de uma edição de *O Cruzeiro* dedicada ao tal congresso. Gostávamos, minha irmã e eu, de procurar nossa mãe nas fotos da reportagem. Esta aqui parece mais, olha. Não, esta. O José do meu nome. Gosto dele quando digo o meu nome completo. Ricardo José

Aleixo de Brito. Um nome longo, que aprendi a dizer pausadamente, escandindo as sílabas. Pura imitação da forma como Íris declinava o próprio nome. Era com um prazer enorme que ela contava e recontava as vezes em que identificava a surpresa no olhar de alguém a quem se apresentava — pobre com nome de gente importante, dizia, com um riso maroto.

Uma noite a bombogira me disse, rodopiante, o dedo bem na minha cara, que apesar de eu ser meio atrapalhado ela gosta de mim. Já um dos velhos não tolera é que eu fique parado em esquina. Aí eu vou e obedeço, não paro por nada deste mundo. Dentro do meu corpo passa, lenta, uma rua entrecortada por outras ruas que se movem todo o tempo em busca de outras possíveis ruas que porventura nasçam dentro do meu corpo como se fossem rios e não ruas.

Eu não sei sempre o que é corpo. O que é um corpo. O que é meu corpo. Dentro do meu corpo passa uma rua entrecortada por outras ruas que se movem todo o tempo em busca de outras possíveis ruas que porventura nasçam dentro do meu corpo como se fossem rios e não ruas. Escrevo meu corpo mesmo sabendo que não sei o que é corpo, um corpo, meu corpo.

Daqui de onde escrevo agora eu vejo uma parte da cidade. Uma parte até bonita. Com praça e tudo. Do alto. Eu nunca tinha visto Belo Horizonte como tenho visto desde que Ela veio morar aqui. Há quantos meses mesmo? Ela já teria brincado com o "meses mesmo". Ela, que não gostava de trocadilhos até começar a me namorar, passou, primeiro, a tolerá-los (quando eu expliquei, meio por blague, que preferia gastar em ambiente íntimo esses adoráveis jogos de linguagem a correr o risco de transformá-los, como fazem tantos poetas, em versos "cabeçudos" como os de X, os de P e os de T), e depois, a criar as próprias gozosas paronomásias.

É bonito ver o que se passa, bem neste instante, visto assim do alto, e que mais parece cinema, sei lá, um filme com roteiro escrito por um Georges Perec, sei lá, uma tentativa de esgotamento, sei lá, do que consigo anotar do intenso fluxo lá embaixo.

É que, contemplada através do vidro, a cidade se torna uma outra coisa. ["Se observarmos a rua através da janela", escreveu W. Kandinsky, "seus barulhos são atenuados, seus movimentos são fantasmagóricos e a própria rua, por causa do vidro transparente, mas duro e rígido, parece um ser isolado palpitando num além."]

Ouvir o que ouço daqui de onde escrevo não é tão agradável. Barulho de carros e ônibus, todo o tempo, a noite inteira, sem qualquer intervalo ao longo do dia. Só fica interessante quando, em meio a alguma tarefa, como agora, percebo o gotejante e suave contraponto que a pequena fonte com água para os gatos, bem aqui do meu lado, faz aos motores e às buzinas lá embaixo. ["Mas", continua W. Kandinsky, "abramos a porta: saímos desse isolamento, participamos desse ser, tornamo-nos ativos nele e vivemos sua pulsação por todos os nossos sentidos."] Lá embaixo é a cidade. Lá embaixo sou eu, são pessoas a pé, dezenas, centenas, milhares, quase ninguém, e sempre com pressa. Todas têm pressa, muita, às vezes, muitíssima. Mesmo eu, que me gabo de ser do tempo lento, muito lento, muito lentíssimo, muitíssimo lentíssimo, tenho sempre mais pressa do que penso ter.

Dentro do meu corpo passa uma rua entrecortada por outras ruas que se movem todo o tempo, como eu já disse, em busca de outras possíveis, compossíveis e incompossíveis ruas que porventura nasçam dentro do meu corpo como se fossem rios e não ruas. [Não sei onde vai dar essa cantilena que anotei outro dia, mal saído do sonho, envolvido pelo pretume silente da madrugada, na minha casa, que fica naquela lonjura benfazeja chamada Campo Alegre. Que ninguém sabe onde fica. Quer dizer, o vento sabe, porque é lá que ele faz a curva e volta a ser raiz fincada no fundo infinito das nuvens.]

Daqui de onde escrevo agora eu vejo uma parte da cidade que ainda não sei se gosto. Da cidade eu aprendi a gostar de novo. Aos poucos. Quase contrariado por ainda gostar, por voltar a gostar, por gostar mais do que eu imaginava gostar. Como já disse, dentro do que chamo de meu corpo passam várias ruas entrecortadas por outras incontáveis ruas que se movem todo o tempo em busca de outras possíveis e até impossíveis ruas que porventura nasçam dentro do meu corpo como se fossem rios, ribeirões, córregos, e não ruas (nem avenidas nem travessas nem praças).

Eu sei, vez ou outra, o que é corpo. Ou acho que sei. O que é um corpo. O que é meu corpo. O que é o corpo da pessoa minha amada e que me considera o seu amado. O que é a cidade como um corpo. Um corpo sonoro. Que dança, apesar de sua aparente imutabilidade. Existirá algum dia uma cidade dançante, dançável, dançarina? Duvideodó.

Um dia eu vi uma moça apaixonada falando ao celular. Como sei que ela estava apaixonada? Ela dançava, o rosto todo aberto em risos de alegria, o corpo também rindo. Era uma moça negra, óbvio. Óbvio? Inóbvio. Como é inóbvia a visão de outra moça negra, certo álacre dia de muito tempo atrás. [Um corpo-dissenso. Com pouca roupa por cima. Que mal cabia, ali perto de onde as pernas se encontram, dentro do minúsculo short-jeans com que ela saiu para o shopping de sábado à tarde, uma criança em cada mão. Mais para gorda. Altivez. De rainha? De operária virada em deusa jeje-nagô. Passos firmes. Cadenciados. Bonita e gostosa ao modo dela. Cara de riso medido, para poucos, propensa a ironias. Decotão. Cabelos presos no alto da cabeça. Você talvez nem percebesse uma mulher assim. Comum. Esqueça mulata globeleza, ideias de sexo bom e barato. Ela certamente não olharia para você, meu querido amigo branquelo & pós-democrata racial. Não, nem me olhou. Ela não parece ser uma daquelas que dependem da opinião da gente até para respirar. Não mesmo.]

O que é corpo? O que é um corpo negro? O que é um corpo negro descapturado e à solta na selva das cidades? Um amigo me falou, outro dia, que há algo de "sambístico" — como dizia a gente negra das primeiras décadas do século XX — no meu modo de andar pelas ruas e avenidas do centro da cidade. Que coisa mais gozada. Ando como ando porque preciso gingar, a cabeça erguida e os braços soltos, para não perder o equilíbrio e acabar estatelado no chão. Por causa da cegueira monocular, que, desde os dezoito anos, me faz ver tudo, o mundo todo, pela metade, sem profundidade nem contornos, por trás da lente muito grossa, de alta miopia. Ver com um único olho faz da cidade, dos carros e das pessoas que velozeiam na minha frente uma mancha (video)gráfica compacta de imagens ainda mais fugidias do que já são de fato. Nem sempre eu acho ruim que seja como é.

Em tais momentos, é frequente eu me sentir uma personagem de filme. Qualquer filme que tenha música e gente negra andando sem rumo definido, com aquela elegância felina que se vê, por exemplo, num Luiz Melodia ou num Itamar Assumpção — dois dos artistas nossos que melhor proveito estético tiraram dos possíveis do próprio corpo, dos cortes de cabelo ousados e das becas sempre muito transadas, tudo isso entendido por cada um deles ("Quem é cover de quem?", Itamar pergunta e repergunta numa canção-sarro) como um elemento composicional a mais, tão importante quanto os textos, as melodias, as harmonias, os ritmos, os arranjos e as performances vocais e instrumentais.

O povo da rua é tudo meu amigo. Porque eu canto a rua. Sou da rua. Ruas me atravessam, eu já disse. Soam desde dentro de mim. Bispo do Rosário disse, no documentário *O prisioneiro da passagem*, de Hugo Denizart, que ouve vozes. Eu também ouço vozes enquanto deambulo pelas ruas da cidade. As vozes das pessoas no meu entorno imediato, sim, mas também outras, talvez as dos parentes do felino em que preciso me transformar para não cair. [O "Exu afelinado" do meu poema "Cine-olho" sou eu, está mais do que visto: há mesmo quem leia/escute o verso "um ponto riscado a laser" como uma permutação pelintra do meu nome, o que muito me agrada, embora o inconsciente tenha feito todo o trabalho por mim.]

Eu não sei sempre o que é corpo. O que é um corpo. O que é meu corpo, ainda mais quando eu todo me felinizo, me onço, jaguaretê perdido no cinza horroroso da antisselva que o pessoal branco chama de cidade. Redigo para mim mesmo, de quando em quando, um fragmento do meu poema "Gertrude Start": "o q **é corpo**? e se você sabe o q é corpo o q não é corpo?".

Daqui de onde continuo a escrever eu vejo uma parte da cidade. Uma parte até bonita. Com praça e tudo. Do alto. Eu nunca tinha visto Belo Horizonte como tenho visto desde que Ela veio morar aqui. Minha morada, ao contrário da do meu amor, fica num buraco. O Campo Alegre inteiro é um buraco. De lá eu nem vejo nem ouço a cidade. Mal vejo um pedaço da minha rua, para ser sincero, e, para ser ainda mais sincero, acho isso muito bom às vezes.

Me perguntam, volta e meia, sobre o corpo negro. Como se eu tivesse a obrigação de definir o que é um corpo negro. Logo eu, que sou menos de pensar o corpo do que de dialogar com o que o corpo (o meu, o das outras pessoas e o da cidade) pensa e propõe enquanto interpretante do pensamento sensível que é o mundo — esse mesmo mundo embrutecido, enfeiado, fedido, que a cada dia tenta, ainda mais, nos apequenar e invisibilizar.

Dizer, taxativamente, o que é um corpo negro, eu que nem sei o que é um corpo, não posso e não quero. Mas posso e quero e vou é mudar em poema um conceito da física que sempre me ocorre quando penso em modos de pensar-sentir de bicho aceso na encruzilhada e no meio do redemunho que é a cidade:

    Um corpo negro é um corpo
    hipotético
    que emite
    (
    ou absorve
)
    radiação
    eletromagnética
    em todos os comprimentos
    de onda,
    de forma que: toda a radiação
    incidente é completamente
    absorvida,
    e em todos os comprimentos de onda
    e em todas as direções
    a máxima radiação
    possível para a
    temperatura
    do corpo é
    emitida.

A cidade sou eu. Qualquer cidade. E eu sou muitos. Pessoa-muitas. Atravesso os vidros de onde observo a parte da cidade que consigo ver daqui de onde escrevo estas notas erráticas e viro uma parte a mais da cidade lá embaixo. ["A alternância contínua do timbre e da cadência dos sons" me envolve, "os sons sobem em turbilhão e subitamente se esvaem", como já predissera W. Kandinsky.] Sou muitos, como digo num dos poemas que performo na videoinstalação que faz parte da mostra permanente *Rua da Língua*, no Museu da Língua Portuguesa: "Aprendi/ com meu pai Ogum/ e com seu amigo Exu/ a nunca ficar parado/ para que o inimigo pense/ que tem sempre/ mais de um/ combatendo do meu lado".

Paraíso (nunca) perdido

Seria maravilhoso se eu pudesse sonhar, numa noite qualquer, com o tempo em que deixei de apenas fantasiar que lia e passei de fato a identificar letra por letra, uma pequena palavra e outra, uma frase curta, o verso de uma canção: o mundo inteiro. Não sei bem a idade que eu contava naquela época mágica. Íris, minha mãe, foi a primeira professora que tive. A melhor, posso dizer, em qualquer fase desta minha vida que já vai se alongando no tempo e no espaço. Porque me repassou todo o pouco que ensinaram a ela nos quatro anos em que frequentou o "grupo escolar" na sua Nova Lima natal, sem que eu jamais desconfiasse que seu conhecimento era bem menor do que fazia supor a alegria com que falava de suas próprias competências.

"Modéstia às favas, eu sempre li e escrevi muito bem." Ela também gostava de dizer que o tempo mínimo que passou na escola significava mais do que o que aprenderam certas pessoas às quais foram dadas oportunidades bem maiores. Referia-se aos donos e às donas das casas nas quais serviu como trabalhadora doméstica. "Gente arrogante, filho, que tratava as empregadas como escravas. Eu não tolerava desaforo. Muitas vezes peitava as patroas, que não perdiam a chance de humilhar quem dependia do trabalho para ter direito ao seu 'ganhame'. Gente que não suportava ver uma empregada que gostava de ler, que sabia falar como se deve, e ainda era boa no português escrito."

Meu pai também foi um bom e raro mestre. Pouco imaginativo, se comparado a Íris, que valorizava o improviso, a gambiarra, o prazer do erro e a pândega pura e simples. Vendo que minha mãe dava asas à nossa criatividade, tratou não de cortá-las, mas de nos incentivar a ter o máximo possível de consciência — desde a meninice — do valor da palavra escrita e da leitura em voz alta para as pessoas pobres. Íris se comovia com a simples visão do seu menino entretido com uma revista ou um caderno de jornal, naquele tempo em que não tínhamos livros em casa, enquanto Américo exigia de mim e de minha irmã Fatima um bom desempenho tanto nas leituras em voz alta quanto na caligrafia, que aprendeu sozinho, na mesma Nova Lima, quando não havia filmes novos em cartaz e ele ia para a biblioteca da sede do Retiro Esporte Clube, maior rival do seu amado Vila Nova Futebol Clube, e copiava fragmentos dos livros de que mais gostava, letras de sambas de sucesso ou fichas técnicas de filmes assistidos durante o ano.

Era Américo quem nos colocava para dormir, no tempo em que moramos, de 1962 até quatro anos depois, nos fundos da Sociedade Recreativa Palmeiras, clube da colônia italiana ainda hoje localizado no número 589 da rua Grão Pará, no bairro São Lucas. Américo chegava do trabalho como servente no Ministério da Agricultura e, antes de jantar, cuidar da limpeza da piscina, do campo de bocha e das quadras de futebol de salão, sentava-nos sobre as pernas, ali por volta das seis e meia da tarde, e lia para nós longos trechos em espanhol, alternando-os com músicas do repertório de Louis Armstrong, Frank Sinatra, Nat King Cole ou Orlando Silva, seus favoritos. Em certas noites, creio que naquelas em que, depois de bater o ponto no trabalho às dezessete horas, ainda atravessava a cidade com um carrinho de mão, da avenida dos Andradas até um ponto já bem avançado da avenida Amazonas, para vender papel velho num depósito, ele, de volta a nossa casa, preferia ligar o rádio para que ouvíssemos a vocalização de histórias infantis adaptadas por João de Barro, o popular compositor

Braguinha. Muitas vezes dormíamos, os três, antes que começasse a tediosa *Hora do Brasil*. Como também não tínhamos televisão e as opções de leitura eram bastante restritas, a oralidade assumiu lugar de destaque no meu imaginário. Porque reverberavam, também, na concha acústica que era a nossa pequena casa, as radionovelas que minha mãe acompanhava, as músicas antigas que ela cantava todo santo dia, da manhã até a noite, e as transmissões de futebol, que, com a inauguração do Mineirão, em 1965, tornaram-se mais e mais apaixonantes.

Estou certo de que o período da nossa vida a que me refiro neste capítulo, para quem sabe que a pobreza nada tem de edificante, só foi bom mesmo para nós, crianças, porque nossos pais lançaram mão do que tinham de melhor (e do que nem sabiam que tinham) para que não nos déssemos conta de que a situação da família beirava a miséria. Se nunca passamos fome, é fato que até os meus quinze ou dezesseis anos repetimos por dias a fio os mesmos cardápios de poucos itens — aquilo que era possível comprar. Daí a importância que tem para a nossa formação cultural a chegada em casa, levados por Américo, dos três volumes de *Paraíso infantil: A palavra através da imagem e da cor* (Editorial Marín do Brasil, 2ª edição, 1964). Fatima se lembra que a coleção nos foi entregue no final de dezembro de 1967, ela com recém-completados nove anos e eu com sete anos e três meses.

Foi a partir daí que passamos a identificar em nosso pai o lado de mestre rigoroso. Feliz porque finalmente tínhamos livros em casa, mas também porque era visível a alegria de suas crianças com aquela tão grande novidade, Américo já não nos colocava no colo ao chegar do trabalho: sentava-se e pedia que lêssemos para ele, atento a cada detalhe da leitura. Com uma firmeza que destoava de sua habitual forma de falar conosco em outras situações, corrigia-nos a postura, a entonação, o volume, as cadências, a respiração, a expressividade, os gestos. Mestre severo, sim, mas amoroso. Vejo, hoje, como

Ao lado de Íris, em 1997, no terreiro da nossa casa de encruza, fascinado com a minha primeira câmera de vídeo.

recebemos dele não só um estoque de técnicas quem sabe copiadas de algum manual, mas um método criado por ele ao longo do seu tempo de cinéfilo e ouvinte diário dos programas da Era do Rádio. Não foram poucas as vezes em que ele pediu de volta o livro das mãos de um de nós para, com sua bela voz abaritonada, nos mostrar o que esperava que fizéssemos.

Como artista da palavra, da imagem, do corpo e do som, reconheço-me na condição de continuador do pouco que essas duas pessoas maravilhosas souberam transformar em fartos e generosos ensinamentos sobre aqueles indissociáveis "saber fazer" e "saber ser" de que trata o suíço Paul Zumthor a respeito da arte da performance. É disso que tento falar nos versos iniciais do cantopoema "Palavrear", escrito como parte do trabalho de luto pela morte de Íris, ocorrida em maio de 2009, oito meses depois da partida de Américo: "Minha mãe me deu ao mundo/ e, sem ter mais o que me dar,/ me ensinou a jogar palavra/ no vento, pra ela voar".

Só agora, neste ponto da escrita, quando penso que eu deveria ter falado também de Américo nos mesmos termos usados para celebrar a presença de Íris no primeiro tempo da minha formação artística, me dou conta de que sempre falo dele, ao falar dela. Quando menos, porque tiveram a ousadia de redefinir os papéis do casal quanto à educação dos filhos. Íris jamais aceitou ser a "segunda voz" da dupla — se é certo que Américo alguma vez terá aspirado à função de solista. A ele coube a nada fácil tarefa de adaptar-se à vida conforme sentida (mais que entendida) por aquela mulher negra e pobre a quem quase tudo fora sempre negado, desde o nascimento. Tentei falar desse assunto em um outro poema, este do livro *Antiboi*, de 2017, no qual faço um recuo até uma incerta noite de domingo, em 1960, quando minha mãe, talvez com a Fatima no colo, ainda um bebê, pensava em como faria para criar duas crianças sem deixar que elas viessem a ser afetadas por tudo de terrível que a vida reservava para a gente negra:

Alegria

Refulge um segundo
inteiro

plena

a memória
da longa noite líquida

em que eu fui só

o nome
de alguma alegria

guardada no ventre

de uma mulher pobre
brasileira

de 42 anos

decidida a não perder
por nada

deste mundo

o seu minúsculo
peixe vivo.

Se bem conheci os meus pais, nessa noite Américo preparava a marmita, calado e taciturno, com o pensamento voltado para a dura jornada de trabalho que o esperava no dia seguinte.

Já contava quarenta e nove anos, e a ideia de uma nova criança em casa o deixava apreensivo. Como cuidar delas? E se eu morrer antes de elas crescerem, quem ajudará Íris? Imagino que se distraía ouvindo, bem baixinho para não atrapalhar o sono do bebê, algum programa musical no rádio transistor que ganhou do irmão Alberto, mais conhecido por Bidoca.

Íris coloca Fatima na cama, beija seu rosto, abençoa-a e vai para perto do seu homem. Reconhece a música que ele ouve e se enternece com a letra: "Ricardo, o felizardo,/ vivia alegre, a cantar./ Mas um dia um amor malvado/ quase fez Ricardo chorar.// Canta ou assovia,/ mostra tua alegria.// Canta, faz como eu,/ canta, que o mundo é teu". Ela nem apreciava muito o cantor, Carlos Galhardo, mas amava o nome do personagem de que falava a letra: o nome de um de seus irmãos, o mais velho, filho do primeiro casamento do pai, Olímpio. Seu nome completo era Ricardo Aleixo. Morreu jovem. Não cheguei a conhecê-lo, nem sequer por fotografia. Se ele se parecia com Amélia, um pouco mais nova, também saiu à mãe, uma indígena cujo nome eu nunca soube, e ao pai, preto retinto. Amélia, minha tia favorita, a quem eu chamava de Dindinha — por empréstimo, já que ela era madrinha só da Fatima —, herdou da mãe os cabelos muito lisos, que faziam um belo contraponto à sua pele luzidiamente preta.

Acho que foi naquela noite que eu ganhei um nome: "Canta, que o mundo é teu". Íris sabia. E me ensinou o que sabia, já desde o ventre. "Ricardo, o felizardo" (composta por Roberto Martins e Roberto Roberti) foi a minha canção de ninar e sutil sugestão de um caminho a seguir.

Só se for por isso mesmo

Chamo, com certo exagero, de Noite do Terror aquele 28 de outubro de 2018, já perto das nove da noite, em que, diante de um copo de cerveja que esquentava sem que me reaparecesse a vontade de levá-lo de novo à boca, eu ouvia uma massa sonora formada por buzinaço, foguetório e gritos. Eu não distinguia as palavras que eram gritadas com ódio, a poucos metros da minha casa, que fica a quase três metros acima do chão daqui. Pensei que, se quisessem, meus excitados vizinhos poderiam saltar o muro e me tomar como exemplo do que fariam os adeptos do novo governo com os que pensam e vivem de maneira diferente da deles e da do seu ídolo.

"Nossa casa parecia/ um buraco de tatu./ Ainda por cima era de esquina:/ rua C com rua U." Me distraí, por uns breves segundos, com a quadrinha que inventei, há tempos, para fazer frente ao destino, tão irônico, que lançou minha família neste fim de mundo — onde as ruas não tinham nomes, eram somente diferenciadas por letras —, num dia chuvoso de dezembro de 1969. O foguetório e o buzinaço continuavam, vindos também da Vila Cloris, situada na parte mais alta da depressão em que se localiza o Campo Alegre, o que faz da região uma câmara de ecos potentíssima. Os gritos tornavam-se, aos poucos, mais espaçados. Seriam mesmo de ódio? Ódio a quem, carajo? Às próprias vidas sem perspectivas? Só se for por isso mesmo. Dissipada a tensão inicial, resolvi gravar aquela estranha, violenta, dissonante paisagem sonora. Liguei o gravador do celular justo no momento em que uma criança esgoelava o nome do presidente eleito com uma força que me impedia de adivinhar a sua idade. Sete anos? Oito? Quase nove? Não sei.

Nove anos era a idade que eu tinha quando um caminhão do Ministério da Agricultura, onde meu pai era baixo funcionário, nos despejou no segundo conjunto habitacional construído pela ditadura civil-militar, junto com outras 555 famílias, entre pobres e miseráveis, vindas de diversos pontos de Belo Horizonte e do interior do estado. Não éramos miseráveis. Éramos pobres, muito pobres, "mas não da graça de Deus", como dizia o nosso pai. Comida não nos faltava, sempre tivemos em casa o suficiente para nós quatro e para quem mais chegasse. Uma prima e um primo moraram conosco em épocas diferentes, sem que isso afetasse nossa rotina alimentar. Este era o nosso parâmetro, traçado por Íris: miserável é quem não tem nem o que comer.

Mudamo-nos para o Campo Alegre no dia 19 de dezembro. Com a morte do marechal Costa e Silva, que então ocupava o posto de presidente da República, o caminhão da repartição em que Américo servia só foi liberado para fazer a nossa mudança dois dias depois do que estava previsto. Nossa mãe e nosso pai já não continham a ansiedade. Ele, porque fazia planos, contava com a melhora no orçamento, agora que estariam dispensados do aluguel; ela, porque sempre foi ansiosa, e porque a nova casa não chegava a entusiasmá-la, inclusive porque localizada num bairro de nome tão enganador quanto a sempre adiada promessa contida no nome da capital mineira ("Belo Horizonte? Onde? Para quem? Quando? — pergunto", escrevi no final do longo poema "Antiode: Belorizonte", do livro *Máquina zero*, de 2004). "Campo Alegre? Olha que feiura isso aqui", dizia minha mãe, apontando as casas quase encostadas umas nas outras, as ruas estreitas, o calçamento feito com pedras irregulares, a água escassa nas torneiras, as velas substituindo a luz elétrica, as incontáveis goteiras. "Está mais para Campo Triste."

Minha mãe, nos primeiros dias da nossa vida no Campo Alegre, me passava a impressão de que se encontrava em contínuo estado de alerta. Os tons de voz com que se dirigia a mim, a Fatima ou ao nosso pai, o jeito de olhar em torno, como se soubesse que algo de muito pior do que a triste vida que éramos obrigados a viver poderia nos acontecer a qualquer momento, me lembravam um bicho acuado — associação que só fiz quando, já no segundo grau, hoje ensino médio, comecei a ler um romance atrás do outro e a tentar criar narrativas breves, poemas e novas letras para canções dos compositores que eu mais ouvia à época. Acho que Íris se sentia acuada, sim. Porque o tempo passava e nada de a situação mudar.

Já íamos pela metade de 1970, a Copa do México perto de começar, e a ditadura, com o seu famigerado "milagre econômico", teimava em não olhar para o Campo Alegre, o lugar decididamente muito feio. A palavra "precariedade" não é suficiente para explicar a indecente proximidade entre as casas, os ônibus sempre lotados, a água que faltava um dia sim e outro também, os picos de luz no meio da noite, as ruas muito estreitas, devido à certeza dos sacripantas responsáveis pela nova fase da ditadura de que jamais alguém daquele conjunto habitacional onde fomos jogados teria dinheiro bastante para comprar um carro.

A cada noite, na hora da janta, o silêncio dos quatro infelizes membros do clã Aleixo de Brito era quase uma presença viva. Ninguém dizia palavra. Não tínhamos televisão, e Américo só ligava o rádio depois da *Hora do Brasil*. Bem baixinho. Pela primeira vez na vida, Fatima tinha um quarto só para ela e eu, um só para mim. Nos deitávamos e conversávamos através da parede que separava um quarto do outro — ou por cima da parede — enquanto o sono não vinha.

Ao contrário do pai e da mãe da casa, minha irmã e eu íamos, aos poucos, nos acostumando com o lugar e conhecendo e fazendo amizade com as meninas e os meninos da vizinhança. No lote localizado nos fundos do nosso morava a família do sr. J, com a mulher, dona N, um menino, G, e duas meninas, N e C. Ainda me lembro da cena: o sr. J pegou primeiro a mão do G, depois a minha, e disse, como quem ordena: "Cumprimentem-se, porque de hoje em diante vocês serão amigos". Nossa amizade durou até o fatídico dia em que G, numa daquelas sórdidas peladas que, de acordo com Nelson Rodrigues, podem ser "de uma complexidade shakespeariana", acertou (sem querer — ele só era um sujeito meio parvo e desprovido de talento para o futebol) um tirombaço no meu olho direito e seguiu a vida como se nada tivesse acontecido.

Poesia ouvida

Odeio matemática, aquela merda fedida que não serve para nada, mas das aulas do professor Marco Aurélio eu gosto. Porque parece que ele curte de verdade a matéria que ensina. O jeito que ele fala dela dá a entender que curte. Parece que curte mesmo. É engraçado. A turma ri dele, fala do bigodão dele, do cabelão comprido dele, das calças justas, muito justas dele, do vozeirão dele. Será que ele é? Deve ser. Se não é, ainda vai ser, dizia algum mais engraçadinho, remedando ele e se acabando de rir. E todo mundo rindo junto. Sala só de menino dá nisso. Ou seria diferente se as turmas fossem mistas? Acho que seria diferente. As meninas da minha idade são muito mais inteligentes do que os caras. Lá no bairro mesmo eu vejo.

Agora eu não sei, porque só ando sozinho, sumiu todo mundo, mas meus amigos de antes de eu levar a bolada só pensavam em bola, jogar bola o tempo todo, ver jogo na televisão enquanto escutavam o mesmo jogo no rádio, e mais nada. Nada, sabe como? Tudo cabeça-oca, de ovo, nada a ver. De vez em quando eu escuto alguma conversa da minha irmã com suas colegas e não tem nem comparação: os assuntos são muito muito muito mais interessantes do que os da minha turma de antigamente. Parece que as meninas vivem em outro mundo, só pode. Lance de cultura, por exemplo. Elas acompanham as novidades, copiam as letras de tudo que é música pop e rock e soul e MPB romântica e de protesto e o caralho a quatro que toca na Cultura ou na Mineira, discutem literatura — e não só os livros que a escola manda ler —, o que passa no cinema, roupa, jeito de beijar na boca, passinho de dança, perder a virgindade, o que fazer no futuro e papo de disco voador e medo da morte e conflito de gerações e tudo que é medo.

Será que eu preferia ter nascido menina? Como pareço muito com a minha irmã, fisicamente, não é difícil imaginar que tipo de menina eu seria.

Gosto quando o professor Marco Aurélio abre a aula com poemas. Isso mesmo. Poemas numa aula de matemática. Não é como o de português, o do ano passado, que entrava na sala e, enquanto durava a bagunça que fazíamos, ele nos castigava com páginas e mais páginas de *Os Lusíadas*. Coisa mais chata, viu? Se o que ele queria era nos afastar da poesia, ele bem conseguiu. Tomei birra de Camões e de tudo que era poesia escrita. A situação só mudou este ano, nas aulas do Marco Aurélio. Ele dá boa-noite e informa o que lerá para a gente. Poesia, sempre. Manuel Bandeira num dia, João Cabral de Melo Neto outro dia, Carlos Drummond de Andrade. Eu sou o único que ouve com atenção as leituras e os comentários sobre cada poema. Ele não só não parece se importar, como acho que gostou de saber que pelo menos um de nós havia sido fisgado pela poesia. Será que o que me interessa mesmo é aquele vozeirão radiofônico que ele tem? Certos poemas ficam muito bons na voz dele. "Boi morto", por exemplo. Até peguei emprestado um livro do Bandeira, no dia em que conheci esse poema.

Semana passada o Marco Aurélio me surpreendeu. Falando diretamente comigo, ele anunciou que daria "um descanso à poesia modernista" e leria uma série de poemas concretos. Me lembro bem que ele mencionou a "estrutura matemática" dos poemas, mas não explicou o que queria dizer com essa expressão. Só sei que quando ele terminou a leitura eu me sentia sem ar e sem chão. Sério. No duro. No dia seguinte, acordei com uma ideia fixa: se isso é poesia, eu também posso ser

Poucos meses antes de completar dezoito anos, dispensado pelo Exército e já às voltas com o primeiro sortimento de poemas e canções.

poeta. Comentei com a mana a minha nova descoberta e ela apenas sorriu e começou a falar, de memória, um texto sobre coca-cola. O jeito dela falar era impagável: bebacocacolababecocababecola, sei lá. Parecia que era uma única palavra, enorme. Era muito engraçado, além de tudo. Lembrava música, mas não era. Parecia trava-língua, e também não era. Palavra cruzada? Parecia também, só parecia. Era outra coisa, e outra coisa, qualquer uma, comparada à vida sem graça que eu vivo, já é melhor que nada.

Imagino que você já entendeu que este texto está sendo feito no presente, que não se trata de algo escrito quando eu era adolescente e tinha um caderno onde anotava sonhos, ideias para algum poema, cartas de amor nunca enviadas, letras de músicas e comentários sobre a vida e o mundo. Eu nunca tive um caderno assim. Sei que você compreenderá sem que eu tenha que explicar muito o motivo pelo qual escrevo como se fosse o rapaz de dezoito anos e não o homem que já tendo ultrapassado, há tempos, o cabo da Boa Esperança, ainda não adentrou de todo o cabo das Tormentas. Escrevi aqui uma lembrança fabulada, para celebrar à altura a feliz circunstância de eu ter ouvido poemas concretos antes de tê-los visto na página: todo o resto, digo, toda a minha vida de poeta e artista derivou daí, daquela noite impossível, a um só tempo, de esquecer e de rememorar em detalhes.

Sonhei com o anjo da guarda o resto da noite

A pelada não parou depois que eu levei a bolada no rosto. O tirombaço pegou em cheio o lado direito do meu rosto. Acertou em cheio o olho. Eu não via nada. Sentia uma dor terrível. E o jogo continuava sem mim. Foi a toupeira do G. Soltou aquele pombo sem asas, como dizíamos, em vez de tentar me *dibrar* e empurrar a bola para o gol. Não precisava ter chutado com tanta força. Se aquele quadrúpede tivesse um mínimo de talento, ele me *dibrava* ou tocava a bola para o lado. Eu não era o goleiro, o goleiro era o P, que saiu do gol para tentar tomar a bola dos pés do Z, sem conseguir, porque o Z tocou rápido para o G. Burro como era, o G só podia mesmo ter feito o que fez.

Acho que ninguém sequer notou que eu caí uivando de dor. Voltei para casa todo sujo de barro. A poeira do campinho misturada ao suor. Como acontecia sempre que eu voltava da pelada, entrei no tanque de lavar roupa e deixei a água cair para varrer o grosso da sujeira, antes de tomar banho direito. Depois do banho fui rápido para o quarto. Minha mãe me disse, ainda da porta, que a janta já estava quase pronta e eu então respondi que precisava dormir um pouco.

Era feriado, um 15 de novembro. Eu tinha completado dezoito anos em setembro, no dia 14. A dor não passava. Rezei para o anjo da guarda não deixar nada de mal me acontecer. Acabei pegando no sono. Será que eu fiquei cego? Sonhei isso, com essa exata pergunta. No meio da madrugada, fui ao banheiro para mijar. Olho direito fechado. Eu queria, precisava acreditar que era só a dor, que eu abriria o olho quando acordasse de vez, de manhã, e tudo estaria como estava antes da bolada. Sonhei com o anjo da guarda o resto da noite. Ele me dizia alguma coisa que eu não entendia bem o que era. Eu também tentava me comunicar com ele e não conseguia. Acordei, não sei quanto tempo mais tarde, com a voz da prima Tê dando bom-dia à minha mãe. Passei pelas duas sem falar com elas e entrei no banheiro. Me olhei no espelho e vi a bola de sangue que se formara no meu olho direito. A dor havia cedido um pouco, mas aquela bola de sangue falava por si.

No hospital, o médico falou com a minha mãe sem rodeios. A situação era gravíssima, eu teria que ser operado já naquele dia. "Dificilmente ele vai voltar a enxergar, senhora. A bolada destruiu totalmente o cristalino e afetou a retina e a córnea. Prometo fazer o que estiver ao meu alcance para não ter que extrair o globo ocular", o médico falou, com uma voz impessoal, distante, quase seca. Minha mãe me abraçou com força, contendo o choro e repetindo que para Deus nada é impossível, mas eu já desconfiava que a verdade não era bem essa. Não é.

A cirurgia deu errado. Tive que ficar lá mais uns dias. Uma nova cirurgia. Voltei para casa de óculos escuros, magro de fazer dó e tomado por uma infinita tristeza. Quase não comia. A dor no olho, que só diminuía à custa de um coquetel de antibióticos, me impedia de ler e escrever, as coisas que eu mais gostava de fazer além de jogar bola. Nenhum dos caras foi me visitar. Minhas mãos e meus pés se encheram de verrugas por causa dos antibióticos. O médico explicou que meu olho havia preservado o que ele chamava de "visão de vultos". Compreendi. Eu estava cego.

Me olhar no espelho era um tormento. Porque o olho cego transformara-se num objeto estranho, com uma paleta de cores — do esbranquiçado ao azul-acinzentado — que não deixava dúvidas quanto à sua inutilidade, e com movimento independente. Eu odiava a vida que era obrigado a levar, sem amigos e sem um amor, sem poder ler e escrever e, pior que tudo, sem poder sonhar com algum futuro, como faziam os caras da minha idade. Eu me via como um monstro, condenado a passar todo o tempo na cama, acossado por um tipo de dor que, por vezes, nem os malditos antibióticos aplacavam.

Íris sofria com a situação. Várias vezes, ao passar pela porta do quarto dos meus pais, noite alta, a caminho do banheiro, eu percebia que choravam, e que o motivo do choro era eu. Aquilo me incomodava. Tornava tudo ainda pior. Aos poucos, comecei a testar posições na cama que me permitiriam ler e escrever sem sentir tanta dor. E ainda havia um ridículo lacrimejamento. E o inchaço do olho, que só fazia aumentar a percepção do monstro em mim. Mas eu falava das leituras. E dos poemas, que passei a escrever compulsivamente. Também são dessa época as primeiras tentativas de compor canções. Quando eu tiver completado vinte e um anos, já terei passado por cinco cirurgias, todas inúteis, salvo pelo fato de que confirmarão a melhor das hipóteses: ter um olho que incha é menos ruim que ter um buraco escavado no rosto.

Minha irmã adquiriu, para nós, a coleção Os Pensadores (publicada originalmente pela Abril Cultural entre os anos de 1973 e 1975). Fiz de Friedrich Nietzsche um interlocutor diário. Lia e relia as passagens sobre o valor da convalescença. Eu queria ser mais que apenas um poeta que escreve poemas. Trabalhei duro para tentar fazer daqueles meus dias de enfermo um meio de experimentar a possibilidade de viver a conhecida afirmação do pensador alemão acerca do nosso desejo de "ser os poetas de nossa própria vida e, primeiro, nas menores coisas". Tanto melhor se, além de uma vida digna da beleza da palavra "vida", eu ainda conseguisse, de quebra, compor poemas.

O mundo pela metade

O inchaço no olho, como é? O olho vai se tornando uma bola, devido à obstrução do canal de Schlemm. O lacrimejamento vinha daí. Vem, ainda, de quando em quando, daí. A prima Tê ainda se lembra de como eu tinha que fazer uma operação muitíssimo complexa para abrir um pouco as pálpebras, com um lenço de papel e a delicadeza gestual de um dançarino de butô, pressionar um pouco o olho, desde a parte mais próxima do nariz, até sair uma lágrima, outra lágrima, duas lágrimas, três, quatro.

Falei do artifício que inventei para ler e escrever, lembra? Eu tinha que optar entre me deitar com o lado esquerdo do rosto sobre o travesseiro e fixar o livro, com a mão direita, contra a parede, em posição tão inclinada quanto estava o meu rosto, e o contrário, pousar o lado direito da cabeça sobre o travesseiro e segurar o livro com a mão esquerda. Aqui, assim, vai doer menos ou mais do que se eu optar pelo outro lado? Em geral, eu não conseguia ficar de frente, assim, ó, sentado na cama com o livro sobre as pernas, como fazia desde a infância. Não dava porque, além da baita dor que eu sentia, ainda me encontrava na fase de tentar entender como era ver e ler pela metade, só com um olho.

Hoje eu já não tenho a menor ideia de como era enxergar com os dois olhos, não tenho mais qualquer registro de como era isso. Esse ver pela metade, hoje, é tudo de que disponho para enxergar o que quer que seja. Existe tanta coisa para ver, tanta coisa em movimento, que às vezes me vem a sensação de que não é de todo ruim ter esse campo visual tão reduzido, ainda mais reduzido com a progressão do glaucoma no que era, até alguns anos atrás, o meu olho que os oftalmologistas definiam como "bom". Posso mesmo dizer que está bem ter uma visão tão precária. Vou me adaptando, você sabe, às velocidades, às espacialidades, aos acasos. Mas naquele tempo, dezoito, dezenove, vinte e poucos anos, a leitura frontal era uma tarefa quase impossível. Porque um olho não tinha função e o outro estava sobrecarregado, digamos assim, sem saber direito, ainda, como transitar sozinho pela página. O livro está aberto na minha frente: como treinar o meu único olho que presta para fazer esse movimento de passear de um canto da página ao outro, de uma linha à outra? Foi toda uma técnica que tive que desenvolver. Quem é vidente nem imagina o que é ver o mundo pela metade. Tem lá seu quê de engraçado, sabia?

Outro artifício que inventei naqueles anos em que sentir dor era a única certeza ao longo dos dias: inspirado por uma declaração do cartunista Henfil, em que ele contava que, para superar as dores provocadas pela hemofilia, costumava pisar com força nos próprios pés, alternadamente, criei uma espécie de dança que me dava a sensação, bastante prazerosa, de que eu podia transferir as dores do olho para o pé esquerdo e o direito. Eu pisava em cada um deles com cada vez maior força, e isso me levou a perceber melhor todo o meu corpo. Fui, aos poucos, aprendendo a criar jogos gestuais muito delicados, ao mesmo tempo que ganhava confiança para sustentar a cabeça erguida, quase tão erguida quanto eu a mantinha na época em que tentava imitar o estilo do meu grande ídolo no futebol, Ademir da Guia. Percebe que tem uma ironia aí? Uma ironia do destino, diria Íris. O futebol me deu um corpo, um jeito de lidar com o meu corpo, e depois tomou de volta o que tinha me dado. Quando tento reaprender não só a enxergar, como a viver sem atribuir tanta importância às dores e mesmo a redefinir uma postura corporal, o futebol reaparece. Mestre Didi tem um conto, não sei se você conhece, intitulado "O filho de Oxalá que se chamava Dinheiro". Esse rapaz era arrogante e presunçoso, se gabava de poder andar com Iku, a Morte, arrastando-a com ele para onde quisesse. Tenho muita vontade de escrever um conto, talvez um poema, sobre um orixá por nome Futebol, o que acha?

Com "Ludwig", meu primeiro violão — presente da prima Tê —, na parte do terreno onde anos depois eu construiria um pequeno palco.

Caneta é tecnologia (de ponta)

Meus primeiros poemas foram escritos à mão. Tínhamos em casa três máquinas de escrever. Uma elétrica, que minha irmã me deixava usar de vez em quando, a do meu pai e uma outra, só minha, que eu chamava de "acústica". Já informado pela possibilidade de exploração da fisicalidade do signo verbal, eu gostava de criar versões datilográficas para textos que nasceram como caligrafias, ou manuscrituras. Ali pelos 22 anos eu conheci, maravilhado, os tipos transferíveis, popularmente conhecidos como letraset, e comecei a compor a série de poemas que, dez anos depois, seriam publicados no *Festim — Um desconcerto de música plástica*, meu livro de estreia.

São, também, dessa época as minhas primeiras tentativas de musicalização ou oralização de poemas, com o emprego de técnicas vocais inortodoxas — além dos meus, criei versões para inúmeras peças do repertório dos poetas concretos e de integrantes de seu paideuma, como Arnaut Daniel, Vladímir Maiakóvski e Ezra Pound. Cheguei a registrar alguns desses experimentos num gravador cassete. Eu gostava de entoar linhas vocais adicionais sobre as gravações, e aprendi, com o apoio de um livro sobre "o som no super-8", a superpor e a distorcer vozes, em rústicas emulações do processo composicional do Walter Franco do "disco da mosca", uma das minhas maiores paixões sonoro-poéticas naqueles tempos de total imersão nas práticas e nos conceitos da arte experimental.

Contei isso a Walter numa manhã que passamos juntos, em Belo Horizonte, no ano de 1998. Eu tinha comprado um violão novo nas semanas anteriores, e o levei comigo para o encontro com aquele artista que considero, sempre e cada vez mais, um dos responsáveis pelo rumo que tomei na vida, em termos de criação artística. É coisa de não se esquecer aquela conversa que se dava na alegria com que mostrávamos um ao outro as nossas composições. O que mais me marcou foi ver acontecer, bem na minha frente, aquilo que José Miguel Wisnik, num artigo da década de 1970, sintetizou como o "cuidado ritual" de Walter Franco com a palavra. Cada formante, fonema, sílaba, palavra, cada verso recebia dele a mesmíssima atenção. Ele sabia se escutar. Posso mesmo dizer que aprendi a me escutar depois de verouvir aquela extraordinária pessoa artista se escutar, isto é, a tratar a própria voz como um dispositivo tecnológico e a escuta de si como uma poética aberta. Ele entoava algum som e me explicava: "É preciso deixar a voz se enunciar, se formar e se expandir. Sem esforço".

Entendi, ali, que o competentíssimo uso do ferramental do estúdio, por Walter, passava, antes, por uma delicada artesania vocal, de que a respiração fazia parte. De volta para casa, passei dias tocando e cantando cada uma das minhas canções com a cabeça voltada para os ensinamentos do meu novo amigo. Veio daí a minha percepção de que o melhor caminho, para mim, seria tensionar a camada fônica/sônica do poema, a partir de seus elementos estruturantes e da compreensão da voz como um elemento composicional tão importante quanto as palavras.

Só vim a ter contato direto com um computador nos anos iniciais da década de 1990. Ao contrário da maioria dos escritores e artistas que, naquele mesmo momento, viviam experiência semelhante, nunca pensei estar diante de uma "máquina de escrever metida a besta". Tampouco fiquei deslumbrado com aquela engenhoca, que muitos, de forma igualmente simplória, definiam como um sinônimo de "tecnologia". Para mim, tecnologia era tanto o meu velho gravador cassete quanto a caneta com que eu criava manuscrituras ("caneta é tecnologia de ponta", gosto de dizer) ou a minha voz alterada por meio de técnicas de respiração e emissão inortodoxas. Tal pensamento me permitiu lidar com o computador de modo sereno, sem jamais deixar que as mágicas soluções propostas pelos fabricantes se impusessem sobre os pressupostos estéticos.

Assim que aprendi o beabá sobre o funcionamento daquela máquina dos sonhos (e dos pesadelos), comecei a me aventurar na busca de usos criativos do computador que ultrapassassem os limites dos tutoriais: quanto maior se tornava o meu conhecimento dos recursos do PC, maior era a liberdade com que eu me dedicava às práticas criativas "desplugadas", como a composição de canções ao violão, o desenho, a caligrafia e a dança. Fiz e faço do computador — e, de uns tempos para cá, do celular — uma estação de trabalho multimídia e intermídia, fundamental para a consolidação do meu processo criativo, o qual tentei sintetizar no título do memorial artístico e intelectual que escrevi, em 2020, por solicitação da Universidade Federal de Minas Gerais (UFMG), com o fim de pleitear o Notório Saber em Letras, equivalente ao doutorado: "Uma obra (permanentemente) em obras".

Esse gosto pela junção de elementos formais e procedimentos técnicos de variada procedência e pelas contínuas permutações já era parte do meu fazer artístico. Desde o início, ou melhor, desde antes do início "oficial", aos dezoito anos. O que o computador me oferece é a chance de elevar à máxima potência o jogo de tentar traduzir configurações intersígnicas em outras possíveis infinitas configurações intersígnicas. Poesia *é* tecnologia.

A cidade da minha idade

Foi em dezembro de 2005 que eu me apresentei pela primeira vez em Brasília, numa performance organizada no auditório de uma livraria pelos meus amigos poetas Reginaldo Gontijo e Francisco K. Senti uma profunda emoção quando, já no palco, ainda a soprar o pequeno alterador de timbres vocais com que atravessei a sala, desde o fundo, me dei conta do significado de estar ali, na capital do país, com ninguém menos que Augusto de Campos na plateia. Da importância de Augusto em minha vidapoesia já falei inúmeras vezes, e sempre terei o que acrescentar. Trata-se, para resumir, de assunto que perpassa este livro do começo ao fim, mesmo quando não o menciono expressamente.

Dito isso, volto à tal noite, da qual, nesta rápida relembrança, só quero contar como foi que me senti ao poder mostrar para o mais inventivo dos poetas vivos — em escala mundial, se me faço entender — algumas das boas lições que aprendi com a poesiavida dele não em qualquer outro lugar, mas em Brasília, a cidade construtivista por excelência, presente, na minha história pessoal, como o lugar cuja fundação se deu no mesmo ano do meu nascimento.

"Você é cinco meses mais novo que Brasília" e "Você nasceu no mesmo ano que Brasília" eram frases ditas por minha mãe que sempre mexiam muito comigo. A segunda, ainda mais, porque me fazia supor que uma cidade podia "nascer", assim como as pessoas. Já adulto, descobri que pode, sim, da mesma forma como acredito ser possível alguém se "construir", se "desenhar", se "projetar", se "planejar" ("Todos nós, seres humanos, e independentemente de estarmos ou não conscientes disso, somos cocriadores no fluir das realidades variáveis que vivemos", afirma o o biólogo-pensador chileno Humberto Maturana).

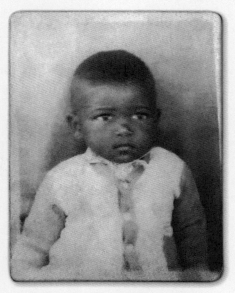

Será que eu já tinha completado dois anos?
A expressão de total desacordo com o
mundo se acentuaria ao longo dos anos.

Claro está que uma cidade nasce não apenas graças à clarividência de um político raro como Juscelino Kubitschek, à criatividade sem-par de figuras como o arquiteto Oscar Niemeyer e o arquiteto-urbanista Lucio Costa, e à exploração da força de trabalho de 60 mil "candangos". Uma cidade só vai, de fato, nascer — e continuar a fazê-lo diuturnamente — se for habitada por gentes interessadas em transformar, cada vez mais, a *urbs* em *polis*, lição que aprendi com uma saudosa amiga, a socióloga Lídia Avelar Estanislau, nos tempos heroicos da primeira gestão progressista de Belo Horizonte, a do prefeito Patrus Ananias, quando ela e eu nos tornamos os grandes interlocutores que fomos até a sua morte, em 2001.

E é isso que me comove sempre que penso na outra Brasília que, como já escrevi há muitos anos, "existe e resiste por trás da cidade chapa-branca". Menino, eu ainda não tinha como identificar nas fotos da cidade — que eu via, fascinado, em revistas como *Manchete* e *O Cruzeiro* — o início da preparação da minha sensibilidade para a criação artística, fato (ou mito pessoal, tanto faz) que eu só viria a compreender umas duas décadas mais tarde, quando, influenciado pela leitura do livro *O visto e o imaginado*, de outro dos meus ídolos, Affonso Ávila, escrevi o poema "Brasília vista de perto", publicado no livro de estreia, *Festim*, em 1992: "assepsia cabocla/ tão bauhaus/ quanto barroca".

Mitos habitam círculos

No início de 1982, para ser exato, no dia 21 de janeiro do ano em que eu escreveria a primeira leva de poemas que o meu nível de exigência de virginiano definiu, finalmente, como mais do que apenas legíveis, Íris me trouxe da rua um exemplar do jornal *O Globo*.

Tornara-se uma rotina alegre, aquela. Sempre que saía, de manhã bem cedo, rumo ao centro da cidade, para comprar os produtos (balas, chicletes e pipocas) e os ingredientes de que se valia para confeccionar as guloseimas (chupes-chupes, picolés, bolos) que punha à venda na movimentada bitaca em que transformou a nossa casa desde 1977, minha mãe voltava com exemplares dos jornais do dia. Um daqui, quase sempre o *Estado de Minas*, e um de fora, o que ela encontrasse na banca. Eu ia direto aos cadernos de cultura. Naquele inesquecível 21 de janeiro de 1982, mal recebi o exemplar de *O Globo* das mãos de Íris, descartei todo o restante papelório inútil e deparei com nada menos que uma entrevista concedida pelo artista plástico Rubem Valentim ao crítico e curador Frederico Morais, intitulada "Toda criação é mestiça". Uma página e meia, ilustrada por cinco fotos de obras do artista, com ele à frente de uma delas. O último terço da página também não era de se jogar fora: Any Bourrier, correspondente do diário carioca, assinava um pequeno texto sobre Man Ray, cuja existência eu ignorava até aquela data.

Até aquela altura eu nunca ouvira falar ou lera nada acerca do meu conterrâneo Morais, nem do baiano Valentim, que me encantou já por ser um sujeito negro a lidar com um refinadíssimo repertório estético-cultural, ousado o bastante para aproximar vertente construtiva da arte brasileira e legado plástico-visual africano e afro-brasileiro. Não sabia bem por qual motivo eu deveria fazê-lo, mas guardei com carinho essa preciosidade, talvez porque intuísse que se encontravam nela os fundamentos da arte que eu passaria a desenvolver num futuro bem próximo. Creio que Valentim se definia — e era definido — como "mulato", mas isso não me importava. Eu o vi como negro, precisava vê-lo como negro. Um homem-artista negro num mundo no qual parecia só haver brancos, homens brancos.

Li e reli a entrevista incontáveis vezes, como aliás fazia com tudo que me caía às mãos naquele tempo de pouco acesso a informação qualificada e ninguém com quem palestrar sobre poesia e arte. Tamanho isolamento era compensado pelo fato de eu dispor de todo o tempo do mundo para estudar o que bem quisesse, respeitados, é óbvio, os limites do exíguo estoque de livros adquiridos pela minha irmã, que, se ainda não podia ser chamado de biblioteca, já se avolumara o bastante para me permitir a iniciação no hábito, que se mantém até hoje, de ler três ou quatro volumes de uma vez. Eu já estava, de certa forma, preparado para ter contato com a obra e o pensamento de Rubem Valentim, graças ao estudo sistemático das proposições teóricas e práticas dos poetas do grupo Noigandres, o que me levou a conhecer razoavelmente bem a obra dos artistas concretos, bem como a dos neoconcretos e a de Alfredo Volpi. Totalmente fascinado pela hipótese de um vocabulário técnico-formal calcado no rigor geométrico, li com entusiasmo a resposta de Valentim a uma pergunta de Frederico Morais que hoje me parece um tanto ingênua ("Seu trabalho tem um caráter construtivo, você cria estruturas tão rigorosas quanto as de Mondrian, para citar um exemplo. O que isso tem a ver com o candomblé?"): "Tudo. Na sua aparente soltura, o candomblé revela uma estrutura interna muito coesa. E não só o candomblé, mas tudo mais na vida. Caso contrário, acabaríamos no caos, as coisas seriam puro eco, não haveria comunicação. Existe um ritmo que encadeia tudo. Uma energia que aproxima as coisas, as tornam presentes, e nos permite comunicar. Eu percebo claramente a existência de uma interligação entre as coisas e os objetos ou entre estes e os seres. Como se houvesse um diálogo entre as coisas, os seres e os objetos, ou como você diz, uma gestalt unindo tudo".

Era todo um horizonte estético que se descortinava à minha frente. Estético e ético, uma vez que para Rubem Valentim o gosto pela simetria, que ele definia como um "fundamento" de sua vocação construtiva, era também informado, no plano político, por sua condição de "socialista liberal", sempre disposto a buscar "o mesmo peso de todos os lados". Transcorreu um longo tempo até que eu pudesse ter um contato mais direto e meditado com o pensamento e a obra desse artista imenso, mas a semente já estava lançada. Na solidão do meu "quarteliê", eu repetia de memória, em voz alta, trechos da conversa dele com Frederico Morais. Como este: "Incapaz de inovar ou renovar, o artista modernoso recorre ao brilho fácil, ao polimento. E age assim porque sabe que o burguês gosta da coisa polida, é atraído pelo brilho. Porém, o artista só existe quando tem sua linguagem, seu dialeto. Tendo, continua vivo e atual. Agora, quem tem habilidades mas não está embalado por um sonho, quem não tem sua própria poética, cai no fácil, no vazio, no ecletismo, brilha apenas, roubando ideias aqui e ali, apropriando-se de ideias alheias".

Fiz de palavras como essas a base para o programa criativo que eu ainda não tinha condições de saber que desenvolveria um dia. Para os meus 21 anos, já era muita coisa ter com quem — uma página de jornal — conversar sobre arte e vida.

Em 1995, na condição de curador da primeira edição do Festival Internacional de Arte Negra de Belo Horizonte (FAN), tive a honra de visitar, em Brasília, o acervo de Valentim, morto quatro anos antes. Muito gentilmente recebido por dona Lúcia, viúva do artista, vivi alguns instantes de profunda emoção junto daquelas obras que tanto marcaram a minha formação artística e cultural. Meses depois, quando parte dessas obras foi exibida na capital mineira, dentro da programação do FAN, senti que eu havia começado uma outra etapa da conversa com um dos artistas a quem mais devo respostas. Uma conversa, espero, sem data para acabar, de que também consta, além deste breve exercício de admiração e gratidão, um poema que saiu, em 1996, no número especial ("Brésil Brazil Afro-brasileiro") da *Revue Noire*, editada na França:

Emblema para Rubem Valentim

mitos   habitam   círculos
meias-luas   pontas
de setas   machados
de duplo corte
cruzes de bizâncio
séculos   o instante

Um abraço em Lygia Pape

"Ausência do corpo" foi o mote que a artista plástica Lygia Pape ofereceu a um pequeno grupo de artistas de diversas áreas na oficina Palavra Imagem, em 1998, no Museu de Arte da Pampulha. Eu estava lá. Ainda tenho o vídeo que produzi durante a oficina, com minha filmadora tão desprovida de recursos, mas, felizmente, receptiva à fisicalidade algo precária dos caracteres gerados no descanso de tela do computador: eu simplesmente filmava o ir e vir das palavras pela tela, ligando-as por meio de cortes secos, meio brutalistas, com os ruídos da casa marcando presença, que tinham lá o seu encanto.

Mais feliz ainda é a lembrança do trabalho que resultou de um exercício proposto por Lygia. Ela deu a cada pessoa presente um pequeno papel em que se lia um haikai e pediu que o transpuséssemos para o âmbito gráfico-visual. A mim me coube o arquifamoso poema da rã que salta num tanque. Perguntei a LP se ela queria me dar um outro texto, em função da minha total familiaridade com o que me foi proposto, mas nem obtive resposta.

Eu já sabia o que fazer, tão logo recebi o poema. Na volta de casa para o segundo turno da oficina, catei dezessete sementes de uma castanheira, muito comum nas margens da lagoa da Pampulha, e as dispus no chão, em quatro linhas: na primeira, cinco sementes; sete, na segunda; na terceira, em vez de cinco, instalei quatro sementes; depois dessa, uma semente solitária fazia as vezes do pequeno réptil deslocado, em seu salto, para dentro do poema-tanque.

Lygia não conteve o entusiasmo. Comentou o meu exercício por cerca de vinte minutos. Era difícil acreditar que aquela artista por quem eu nutria grande admiração, desde que comprei, em 1983, um pequeno bonito catálogo dedicado à sua obra, publicado pela Funarte, revelava-se uma mestra tão sensível e generosa. Saí do museu decidido a assumir como parte do meu trabalho poético os experimentos gráfico-visuais que, até então, eu só mostrava a umas poucas pessoas.

Com a ajuda do curador, poeta e artista visual Adolfo Montejo Navas, montei, em 1999, a minha primeira mostra individual (em Belo Horizonte, Mariana e Rio de Janeiro). Lygia e eu passamos a nos comunicar por telefone. As conversas não foram muitas, mas me marcaram para sempre. Numa delas, que transformei em entrevista publicada pelo caderno Magazine do jornal *O Tempo*, em 2000, ouvi da artista duas frases que me ajudaram a entender o meu próprio modo de fazer arte: "Eu gosto de trabalhar com vários projetos ao mesmo tempo, porque um me descansa do outro; o que mais me alegra é poder acordar todos os dias com ideias novas para fazer coisas lindas".

Sem deixar de ser a pessoa doce e receptiva que era, Lygia não dava ouvidos ao que lhe parecia despropositado. Exemplo: quando perguntei a ela se topava ser a minha orientadora num projeto que eu começara a estruturar com o fim de candidatar-me à Bolsa Vitae (eu queria estudar com ela por um ano), interrompeu-me e disse: "Esquece o Brasil, querido. Vá para fora do país enquanto é tempo". Não ouvi o seu conselho, como é sabido, embora sempre que a barra pesa em demasia eu pense nessa frase tão premonitória. Talvez eu já não me anime a sair de vez do Brasil, mas quero, disso tenho certeza, continuar a circular pelo mundo, cada vez mais sem data exata para voltar.

Nesta minha temporada carioca, tem sido frequente a lembrança da sempre admirada Lygia Pape. Ando pelas ruas da Lapa e me pergunto o que essa pessoa artista criaria com este ou aquele estímulo visual, dos muitos que uma cidade como o Rio de Janeiro oferece a cada esquina (o crítico Mário Pedrosa era taxativo quanto à criatividade de LP: "Ninguém é mais rico em ideias do que Lygia Pape", afirmava). Pode ser que ela apenas dissesse que já está tudo feito (ou desfeito), e que a contemplação desse cenário, com leveza e a possível alegria, já representasse um suficiente gesto criativo.

Cruz e Sousa e o lugar do negro

Foi em 1987 que eu comecei a atuar no jornalismo cultural, graças a um amigo, Francisco Marques Rocha, o Chico dos Bonecos, escritor e brincante que, anos depois, se tornaria uma forte referência na literatura para a infância. É do Chico, para resumir a importância dele na minha história literária, o primoroso trabalho de edição que fez de um punhado de poemas sem maior conexão uns com os outros o livro *Mundo palavreado*, que publiquei pela editora Peirópolis, em 2013, e pelo qual tenho tanto apreço. Era até engraçado. Eu mostrava ao Chico algum poema, certo de que ele o aprovaria, e a resposta era só uma breve careta, com o sorriso sempre nos olhos. Também houve vezes em que mostrei ao meu amigo um que outro texto menos bem realizado e o contentamento logo se estampava em seu rosto.

Volto no tempo. O Chico, que eu conheci graças ao envolvimento, por cerca de três anos, com a militância política, como integrante de um grupo de jovens orientados por religiosos jesuítas ligados à teologia da libertação, indicou o meu nome à direção do jornal *Lar Católico*, que pouco depois passaria a se chamar *Jornal de Opinião*, para escrever as colunas de música e livros. Os editores do semanário me davam total liberdade quanto à escolha e à abordagem dos temas. Pediram só que eu assinasse cada coluna com um nome diferente: Rique Aleixo, o nome artístico com que eu assinara os meus primeiros poemas publicados, ficou sendo o colunista de música; Ricardo Brito, o de livros. O salário era pequeno, irrisório mesmo, mas em compensação eu ganhava muitos livros e, vez ou outra, algum disco. Eu tinha, naquela época, vinte e sete anos. Levando em conta o longo tempo que passei sem poder nem sair de casa, entre os dezoito e os vinte e um anos, devido aos problemas na visão, até que ia muito bem a minha volta ao mundo dos vivos, em termos de oportunidades profissionais. Eu já publicara por duas vezes no *Suplemento Literário de Minas Gerais* e em revistas do interior do estado, além de eventualmente colaborar com artigos sobre literatura, música, teatro, artes visuais e cultura negra no jornal *Estado de Minas*.

Colaborar com o *Jornal de Opinião* me trouxe também, aos poucos, convites para fazer trabalhos de revisão. Numa tarde de muito calor, fui buscar os originais de um livro de poemas da sra. X, que morava num apartamento sombrio e silencioso na avenida Cristóvão Colombo, pouco abaixo do Palácio da Liberdade. Depois de esperar na sala imensa por intermináveis minutos, sob o olhar talvez vigilante de uma espécie de secretário, ouvi, crescendo no corredor, passos muito lentos e o chocalhar de joias. A mulher parou na minha frente, maquiadíssima. Levantei-me e estendi-lhe a mão. O cumprimento, sob o impacto mútuo, resvalou para a mesura reverente, quase cômica. Ela e eu não conseguíamos disfarçar a surpresa. A dela, certamente porque não me imaginava negro. Uma eternidade, alguns segundos depois, a voz da sra. X, diferente da que eu ouvira por duas vezes ao telefone, soou surpreendentemente jovial: "Muito prazer, Cruz e Sousa...", como que recitou, coquete, indicando-me a poltrona.

Essa história, que se desdobra em uma conversa truncada, na oferta de uma paga generosa e em intermináveis leituras, já na minha casa, de mal-enjambradas litanias dedicadas a íncubos e súcubos, tem, para mim, o sabor de uma anedota exemplar. Isso porque, para aquela mulher, vinda de um tempo em que eram raros os negros que se dedicavam às "tarefas do espírito", a conversa de igual para igual com um jovem "de cor" só se tornava possível à custa da evocação do imenso poeta e jornalista a quem a crítica brasileira — de seus contemporâneos até um Alexei Bueno, na introdução à reimpressão atualizada da obra completa de Cruz e Sousa, em 1995, pela Nova Aguilar — marcou com o epíteto supostamente enaltecedor de "Poeta Negro". Explico: a estreiteza dessa "homenagem" fica evidenciada quando se observa, passados mais de cem anos desde a morte do autor de "Emparedado", a transformação do termo "poeta negro" de sinal distintivo com que o sistema literário assinalava, entre chocado e maravilhado, a presença de um preto retinto num mundo de brancos — e de mulatos embranquecidos pela posição social — em um nicho que, salvo pelas exceções de praxe, apenas reforça o quanto racistas e "antirracistas" compartilham da mesma visão acerca do que seria "o lugar do negro" na literatura brasileira.

Entendo que se não há como nem por que negar a cor da pele de João da Cruz e Sousa, tampouco é cabível supervalorizar a circunstância de ele ter nascido filho de escravizados. É inútil, como fizeram tantos críticos, procurar na sua música verbal os ritmos de tambores que ele, isolado na então remota Santa Catarina, pouca chance teria de ouvir, ou buscar na sintaxe e na morfologia das línguas africanas a explicação para as complexas harmonias fônicas que estruturam seus poemas. Mesmo Paulo Leminski cai em tal esparrela, no de resto delicioso perfil que escreveu para a coleção Encanto Radical da editora Brasiliense, *Cruz e Sousa — O negro branco*, publicado em 1983.

É óbvio que Cruz e Sousa é negro. E é poeta. E se sabia negro, com toda a ambivalência que a palavra ainda hoje comporta. Só nessa medida pode ser considerado um "poeta negro", ou um "negro poeta", tanto faz. Importa é ler a sua poesia, separar nela o que é mera exibição virtuosística de um simbolista

No Museu Afro Brasil, em 1997, entrevistando os poetas Paulo Colina e Oswaldo de Camargo. Tempos de lida no jornalismo cultural. Minha primeira viagem a São Paulo.

ainda preso, no plano formal, à estética parnasiana, e o que resiste a um cotejo com, por exemplo, as obras do maranhense Maranhão Sobrinho (1879-1916) e do baiano Pedro Kilkerry (1885-1917), para nos restringirmos ao contexto do simbolismo brasileiro, em sua "face mallarmaica" (apud Haroldo de Campos). O resto não importa.

Me recordo, enquanto escrevo, que foi a partir daquele inusitado encontro com a sra. X que eu passei a ler Cruz e Sousa de um outro ângulo. No ano seguinte, 1988, já como funcionário da Secretaria de Estado da Cultura de Minas Gerais, cargo que ocupei graças a um convite do poeta Adão Ventura, que coordenava o Núcleo de Cultura Afro-Brasileira, fui incluído na equipe de coordenação do projeto de comemoração do Centenário da Abolição da Escravatura no Brasil, no âmbito da Biblioteca Estadual Luiz de Bessa. A veneranda biblioteca havia recebido um lote de cerca de seiscentos livros raros sobre temas ligados à África e à diáspora negra, para serem incorporados aos livros do acervo da instituição relacionados ao mesmo assunto.

Para mim foi o melhor dos mundos. Nos intervalos do trabalho de catalogação dos livros ou de atendimento ao público — pesquisadores e estudantes de diversas faixas etárias —, eu me entregava totalmente à leitura. Pela primeira vez desde que informei ao pessoal de casa que pretendia sair da escola com o objetivo de ter mais tempo para estudar só o que eu quisesse, eu podia contar com um tesouro como um tal tesouro à minha disposição. Além dos livros da seção a que dei o apelido de "Africana", eu ainda encontrava tempo para ler os títulos de áreas como filosofia, história, cultura mineira, música, teoria da literatura. Foi assim que conheci os estudos de Roger Bastide sobre a poesia de Cruz e Sousa, que me serviram de estímulo para tentar trazer mais para perto da minha sensibilidade poética aquela escrita que até então, confesso, não exercera nenhuma influência sobre o meu processo criativo. Muito dessa situação se devia, é certo, à importância atribuída por mim à didática da poesia concreta, nos primeiros anos de minha trajetória.

A leitura de Bastide me conduziu a outros estudos sobre Cruz e Sousa, os quais acabaram por confirmar uma suspeita que havia muito eu cultivava: se quisesse viver de fato aquela poesia, e não apenas entendê-la e admirá-la, seria necessário tentar escutar a voz que se ocultava sob o silêncio da letra impressa. Comecei a dizer em voz alta os poemas — e também os textos em prosa de Cruz —, e não deu outra. Algo ali aspirava ao canto. "Algo" que me remetia à definição de poesia feita por Paul Valéry, "Permanente hesitação entre som e sentido", e, ao mesmo tempo, à observação poundiana quanto à importância do parâmetro altura na escrita do verso. Com a ajuda do excelente *Versificação portuguesa*, de M. Said Ali — prefaciado por Manuel Bandeira, outro nome inescapável no rol de nossos poetas-músicos —, desenvolvi um jeito de entoar a poesia sousiana atento não só ao ritmo, mas principalmente ao sofisticado jogo entre altura, cadência e timbre que situa Cruz e Sousa como um dos poetas nossos mais empenhados em fazer o verbo soar mesmo quando em aparente silêncio. Passei a entoar seus versos dedilhando o violão: primeiro, escolha mais que óbvia, um pequeno trecho do longo "Violões que choram", todo ele música no sentido estrito: "[...] Vozes veladas/ Veludosas vozes,/ Volúpias dos violões, vozes veladas,/ Vagam nos velhos vórtices velozes/ Dos ventos, vivas, vãs, vulcanizadas [...]". Fiz desse trecho uma genuína balada jazzística, com uma harmonização que propiciava a valorização de cada fonema. Um outro velho amigo e parceiro, Alvimar Liberato, hoje um dos grandes guitarristas e arranjadores de Minas, tocava-a comigo deliciado, não raro adicionando acordes e levadas emprestadas de alguns de seus ídolos, como Wes Montgomery, Joe Pass e Hélio Delmiro, com quem ele estudava no Rio de Janeiro à época.

Me dou conta, agora, de que o modo como musiquei o trecho do poema de Cruz e Sousa se tornaria, pouco depois, a base do meu estilo de mesclar palavra e som, naqueles anos em que eu ainda não conhecia a obra teórica de Paul Zumthor, um dos nomes centrais das poéticas da voz — o que só aconteceria no início da década de 1990, quando li um artigo da autoria desse grande medievalista, romancista e pesquisador suíço numa edição da revista *Correio da Unesco*. Mesmo quando começo a preparar um poema para ser vocalizado sem acompanhamento musical durante uma performance, recorro ao violão nos primeiros contatos com a peça, para não me sentir limitado nem pela sonoridade nem pelo significado das palavras. Quase sempre é a tentativa de fugir à limitação que também o violão pode trazer ao projeto composicional que faz surgir o caminho mais propício à materialização do projeto em questão. Sinto, mais que o desejo, a necessidade de cotejar essas "duas águas": a que dá origem ao poema, e que deixa em sua forma impressa os sinais de sua voz primordial, e a que deriva da reiterada vocalização dos versos sobre uma harmonia que vou testando à medida que deixo a minha voz se alternar entre entoação e canto propriamente dito. Não foram poucas as vezes em que, depois de muito experimentar, retornei ao ponto inicial da minha busca pela voz do poema.

Tendo recorrido tantas vezes aos poemas de Cruz e Sousa para tentar me aprimorar na arte da composição musical, seria natural que eu recebesse do próprio poeta a sugestão para fazer algo novo com as suas palavras. E se eu experimentasse entoar os poemas dele sem obediência à ordem em que os versos foram dispostos na página? E por que não ir ainda mais longe, folheando as páginas do livro aleatoriamente, tendo como únicas regras a obrigação de vocalizar apenas o trecho capturado pelo olhar e a tentativa de manter a cadência no trecho seguinte, igualmente capturado de forma aleatória? Fiz isso como um exercício, um divertimento, e só, sem sequer intuir que nascia ali um dos procedimentos técnico-formais que melhor garantem, atualmente, a minha comunicação com o público, mesmo quando me apresento em outros países ou diante de pessoas que não têm qualquer tipo de contato com a poesia livresca, como no ano passado, em que me vi diante de um grupo de alunas da educação de jovens e adultos, no sertão de Pernambuco: a vocálea (de "voco" + "álea"), que remete ao caráter aleatório dessa composição instantânea, improvisada, no limite entre a música experimental e as várias correntes da arte sonora.

Apesar de já vir fazendo uso da vocálea diversas vezes, em apresentações em Belo Horizonte, sem falar nada a respeito com o público presente às performances, mesmo quando estas aconteciam durante um evento acadêmico, dos muitos para os quais fui convidado desde que comecei a publicar poemas e artigos sobre poesia, apenas em 2006, numa apresentação no Teatro da Prainha, em Florianópolis, eu recebi da parte de dois espectadores relatos sobre como o meu singelo jogo linguageiro os afetara, expostos como se viram a uma sucessão vertiginosamente encadeada de versos de Cruz e Sousa que deixou a ambos emocionados. Um deles queria saber como eu fazia para memorizar um texto tão longo, uma vez que ele não acreditava que a leitura tivesse sido realmente aleatória; um outro, menos afeito à obra de seu conterrâneo, me fazia perguntas acerca do "belo poema" que eu havia vocalizado.

Em 2012 eu faria novas revisitações à obra do nosso simbolista-mor. Transpus para a linguagem do videopoema um dos textos mais impressionantes do poeta catarinense, "Acrobata da dor" ("Gargalha, ri, num riso de tormenta/ como um palhaço que, desengonçado,/ nervoso, ri, num riso absurdo, inflado/ de uma ironia e de uma dor violenta [...]"). Convidei para dar corpo ao poeta o bailarino Mascote Dawson. Por mais de duas horas, filmei-o no Viaduto Santa Tereza, aquele cujos arcos o jovem Carlos Drummond de Andrade e sua turma escalavam para causar escândalo na provinciana burguesia montanhesa dos anos 1920. Escolhi o viaduto porque sob ele passam os trens da Rede Ferroviária Federal, o que me permitiu aludir com sutileza ao que considero uma das imagens que melhor traduzem iconicamente a situação marginal da poesia e do poeta no Brasil: o corpo morto de João da Cruz e Sousa conduzido de Leopoldina, no interior de Minas, para o seu destino final, no Rio de Janeiro, num vagão de trem de carga, devido à miséria em que morreu o autor de *Missal* e *Broquéis*. Na confecção do design sonoro do videopoema, tirei partido da utilização, pelo poeta, dos vocábulos ligados ao riso, tal como faria anos mais tarde, na Rússia, o experimentalista Velimir

Khlébnikov, no maravilhoso poema que se tornaria conhecido no Brasil — pelas mãos de Boris Schnaiderman e Augusto de Campos — como "Encantação pelo riso", com aquela magistral abertura: "Ride, ridentes!/ Derride, derridentes!/ Risonhai aos risos, rimente risandai!".

No mesmo ano, a convite do Sesc Palladium, e mais uma vez com a colaboração de Mascote, levei à cena o espetáculo intermídia *Acrobata da dor*. Ao final da apresentação, que nos rendeu muitos aplausos e cumprimentos entusiasmados, senti que eu havia cumprido, naquele dia, parte da promessa que me fiz quando ainda tateava em busca de uma saída para dois dos desafios que a obra de Cruz e Sousa me lançou assim que o li pela primeira vez com o violão por perto: como ambientá-la no espaço sonoro destes tempos de dispersão sígnica sem fazer dela só mais uma máquina cacofônica, incapaz de tocar a sensibilidade da pequena tribo formada pelas pessoas a quem a palavra "poesia" ainda comunica algo? Como comprovar a pertinência do que venho afirmando há anos, quanto a um artista da palavra que precisa ser lido não mais como um "negro álibi", a ser citado apenas quando está em questão o caráter excludente da literatura brasileira, mas lido e ouvido como um dos nomes fundamentais da poesia escrita na língua de Camões em todos os tempos?

Enquanto a noite longa não termina

A noite é presença constante no que escrevo. Noite como peso opressivo e como, mais que metáfora, metonímia do corpo negro. Como promessa de (e não condenação à) invisibilidade. Como sugestão de algum tempo propício para a fuga das senzalas, das prisões, das enfermarias dos hospitais públicos. A noite insone, a sucessão de noites insones que a noite faz ser mais noite do que qualquer ameaça de noite longa. A noite eterna que tragou meu pai e minha mãe — sendo que ela já havia sido tragada, anos antes de morrer, pela noite horrenda que é a perda da memória. Será que eu estava certo quando falei, num poema de *Trívio*, da aspiração ao "ouro/ de uma noite/ sem memória"? Para não ter, talvez, de ressonhar as imagens que apavoraram certo menino escrito no poema "Noite", do livro *Modelos vivos*, que "viu sair/ da boca da mulher,/ talvez sua mãe,/ uma voz estrídula/ e lábil, que logo/ desandou, em/ cadência de sonho,/ a quê?/ a enumerar/ desastres já/ ocorridos e por/ ocorrer,/ a fecundar harpias,/ a frisar as marcas/ da passagem da/ pantera pelo/ quarto, a aturdir/ relógios, a/ enegrecer/ o sol, e outras mais/ de tais/ proezas".

Memórias pobres

Quando conheci pessoalmente o poeta, tradutor e ensaísta Sebastião Uchoa Leite (1935-2003), em 1994, num evento de poesia em Belo Horizonte, eu não tinha como intuir que nos tornaríamos bons amigos. Tratava-se, afinal, de um mais que improvável encontro entre o bicho do mato da periferia da capital mineira e o refinado intelectual pernambucano, radicado desde 1965 no Rio de Janeiro, que um seu amigo, o crítico Luiz Costa Lima, em elogio fúnebre publicado na *Folha de S.Paulo* (7 dez. 2003), definiria como incompetente "em gestos de fingida cortesia".

O fato é que Sebastião gostou de mim. E eu, dele. Muito. Força é dizer que pouca gente do meio literário me tratou tão respeitosa e carinhosamente quanto Sebastião, a quem confiei, em 2001, a escrita do posfácio do livro *Trívio*, no qual ele, generosíssimo, esboça o desenho de uma chave de leitura que seria reproduzida sem grandes alterações por outros críticos que falaram da minha obra em momentos posteriores: "Está imerso na tradição de certo universo lírico, e ao mesmo tempo dá continuidade à pesquisa de linguagem já sensível em *Orikis* (especialmente, do ponto de vista antropológico, do universo nagô-iorubá). Também é um experimentalista que pesquisa tanto recursos fonéticos como da linguagem visual, sempre pessoalíssimo, radical a partir de si mesmo, poeta integral, tal como os melhores exemplos dessa trilha, Augusto de Campos, de uma geração anterior, e Arnaldo Antunes, seu companheiro de geração".

Ainda hoje me lembro do meu amigo com ternura e gratidão. Sei que SUL apreciava em mim o que chamava de "inteligência poética" (nisso, é certo, me puxando para junto de si, do papel de poeta-crítico que ele cumpriu com raro brilho e sem pedantismo), mas, vaidade à parte, imagino que meu amigo e incentivador gostava de mim também por um outro motivo, bem mais prosaico: a capacidade de, como ele, cavar os (parcos) meios para a minha sobrevivência sem trair os meus propósitos literários.

"O fato de encontrá-lo vestido, alimentado e com residência certa já era uma boa nova", anota Costa Lima no citado artigo da *Folha* em que rememora e celebra nosso amigo incomum. Por que digo o que digo? Porque ouvi, certa feita, de um amigo poeta, a revelação de que Sebastião, durante uma reunião interpares, ou qualquer coisa assim, teria criticado o elitismo da cena literária brasileira com a afirmação de que não havia poetas pobres em atividade, até que lhe ocorreu um nome: "Quer dizer, tem o Ricardo Aleixo".

Menino calado

É contar e ver surgir na cara das pessoas a descrença. Ninguém parece acreditar, e mesmo a mim soa estranha a lembrança de que fui um menino de pouca conversa. Como é possível, se hoje eu ganho a vida com a voz ao vivo, em performances, palestras, cursos e oficinas? Só com as pessoas da minha casa eu trocava umas escassas palavras. Porque amava o silêncio, espécie de segunda pele que me protegia do mundo, na mesma proporção em que me desagradava o contínuo vozerio dos adultos das tribos vizinhas da nossa pequena tribo.

Passei anos seguidos considerando a coisa mais normal do mundo a hipótese de viver para sempre calado, até que, lá por volta dos onze anos, bem no tempo em que aprendi a cantar, no colégio, tornei-me um razoável conversador. Minha irmã me contou, dia desses, que ela e eu conversávamos bastante quando éramos pequenos. Acredito, se é ela quem o diz, mas desconfio que a mana exagera um bocado. Observando-a conversar numa festa, por exemplo, é fácil ver como a palavra lhe sai fácil da boca e de todo o seu rosto tão bonito, ao passo que a mais simples conversação, se não chega a ser algo sofrido, me exige um grande esforço, principalmente se preciso convencer a pessoa com quem falo.

Prefiro escutar, e há mesmo algumas boas almas que me garantem que sou bom nisso. Quando me escutam com atenção e genuíno interesse, demonstro sofrer da típica loquacidade dos tímidos e falo, falo e falo sem parar. Em tais situações, não é raro que eu tente inverter os papéis, passando a fazer perguntas às pessoas. Muitas abdicam desse súbito direito à palavra e me lembram que sou, ali, o poeta, e que portanto devo falar. Mas falar o quê, meus deuses e minhas deusas, se cultivo, como todo poeta, a ilusão de que tudo o que tenho a dizer já está dito nos meus poemas?

Poesia dança

Minha primeira viagem internacional aconteceu em 2000. Fui para Córdoba, na Argentina, como integrante da Cia. Será-Quê?, de dança. Entrara para o grupo no ano anterior, quando estreamos o espetáculo *Quilombos urbanos*, que cruzava dança contemporânea, hip-hop, cantos tradicionais e poesia. Eu era um dos compositores da trilha sonora, executada ao vivo. Dos colegas de palco aos técnicos de som e de luz, todos me chamavam de "Poeta". Me alegrava pensar no papel que me cabia ali, ou melhor, que me impus tão logo fui convidado a fazer parte da companhia: tentar mostrar que a poesia "livresca" também podia ser musical o bastante para fazer parte do design sonoro de um espetáculo de dança. Num dos momentos iniciais, eu vocalizava o poema "Labirinto" — "Conheço a cidade como a sola do meu pé/ espírito e corpo prontos para evitar contatos indesejáveis com outros humanos [...]" — para o bailarino Rui Moreira dançar. Ele dançava as minhas inflexões vocais, assim como eu alterava os planos de dinâmica em função das respostas que o corpo dele dava à minha *vocografia*.

Meu corpo foi sendo afetado por aquela nova situação intersígnica, e eu assumi — só para mim mesmo — que dançava. Pedi ao Rui que me desse aulas de dança, mas ele cortou a conversa com a seguinte contraproposta: "Você e eu viemos do futebol. Quer me chamar para jogar bola, eu topo. Porque dançar você já dança". Rui, que fez sua fama como principal bailarino do celebrado Grupo Corpo, sabia que não era assim tão simples. Ele e eu não acreditávamos na ideia, tão frouxa, de que nós, pessoas negras, já nasceríamos dotadas de talento, o que nos dispensaria dos estudos e da disciplina sem a qual todo e qualquer projeto artístico estará fadado ao fracasso. Como eu poderia acreditar em uma balela como essa, se mesmo o futebol aprendi a jogar em solitárias sessões de contato com a bola, no campinho de terra perto de casa, tendo à minha frente uma sequência de fotos de jogadas de Ademir da Guia, recortadas de uma revista? O tal jogo de futebol nunca aconteceu, mas eu entendi o recado do meu parceiro: mergulhei no universo da dança com método e garra. Montei uma biblioteca razoável sobre o tema, assisti a dezenas de espetáculos (eram os bons tempos do Festival Internacional de Dança — FID), ao vivo e em registros videográficos, firmei parcerias com profissionais da dança, organizei uma rotina diária de treinos.

O impacto dessa guinada na direção da dança sobre as minhas criações no campo da intermídia logo se faria notar: primeiro, em poemas que tratavam diretamente da dança, ou que mencionavam bailarinos; quase ao mesmo tempo, passei a enfatizar o "caráter coreográfico" da espacialização dos textos na página (em poemas-roteiros como feitos para servirem de base sonora à minha própria dança); finalmente, priorizei as pesquisas em torno da noção de *corpografia* (com a qual eu já trabalhava desde 1999), passando a dar cada vez maior atenção ao gesto e ao movimento que alteram a qualidade da emissão vocal.

No Campo Alegre

A senhorinha me parou na rua, na entrada do bairro, e disse: "Sei quem é você. É o menino da dona Íris, não é? Te vejo sempre na televisão". Eu: "Sempre?". Ela: "Sempre. Poeta. Não é?", perguntou com cara de riso. Confirmei com um movimento de cabeça, entre encabulado e contente por ter sido reconhecido. Ela continuou: "Poeta é tudo mentiroso". Eu: "Acha mesmo?". Resposta: "Acho. Mas eu gosto". Me deu um abraço apertado, que tomei como uma bênção, e seguiu caminho, altiva. Fiz o mesmo. Altivo.

Pensei, ao me afastar, que Íris teria gostado de ver essa cena, ela que ficou conhecida pela corujice com que se apresentava nos meus lançamentos de livros, nas minhas palestras ou performances. Mamãe circulava entre os grupos, cumprimentava as pessoas, certa de que seria bem tratada por todos. A uma e outra pessoa ela lançava a pergunta: "Você é amigo do meu filho?". Diante da resposta afirmativa, ela, já com os braços abertos e sorrindo, dizia ao seu interlocutor: "Pois então me dê um abraço, que eu mereço".

Aquilo era mais do que mera gabolice. Minha mãe sabia bem o alcance do seu feito, quanto à educação da filha e do filho. Gostava de me ver brilhar, como dizia, mas confessava-se ainda mais contente com o fato de eu não ter abandonado o que chamava de as minhas origens. O Campo Alegre. As Terras Altas do Campo Alegre. O povo daqui. A vizinhança, muita gente ainda originária da primeira leva de moradores que vieram para cá em 1969, ano da inauguração do bairro, e nos anos seguintes. Gente que me cumprimenta quando me encontra na rua e me pergunta pelas viagens ou conta que viu foto da minha pessoa no jornal. O abraço da senhorinha agradaria à minha mãe porque, além do afago no seu caçula, era nítido, no rosto da mulher, o orgulho por ver uma pessoa negra e conhecida dela chegar a uma posição de destaque em área tão pseudoaristocrática quanto a literatura.

Essa história me leva de volta a uma certa manhã de 2002 em que, numa visita a minha mãe, nesta mesma casa onde vim morar depois que ela morreu, em 2009, encontrei-a com o *Trívio*, meu terceiro livro, nas mãos. O livro havia sido incluído na lista de obras de leitura obrigatória de uma faculdade particular, o que me encheu de alegria e ajudou a confirmar que os meus caminhos finalmente começavam a se abrir numa velocidade mais compatível com a minha obstinada, cotidiana, obsessiva entrega ao aprendizado do tão difícil ofício de poeta. Íris gostava de comentar os meus escritos, tanto os poemas quanto os artigos jornalísticos. Abriu o *Trívio* na página 66 e leu, com grande emoção, o título: "O devorado pela luz". Fechou o livro e me puxou para um abraço: "Eu já tinha lido esse poema, quando você lançou o livro, no ano passado, mas só agora me dei conta de que ele foi escrito para mim".

Acho mais provável que ela não tenha lido o poema, que a cita já nas duas primeiras linhas: "nascer de uma íris. Íris — O nOme dado à mulher/ que terá me paridO". Leitora atenta como era, e ainda por cima, tão ciosa do próprio nome, Íris não deixaria de perceber sua presença nos meus versos. Alguns anos depois uma outra cena de igual temperatura emocional aconteceria no mesmo espaço da casa onde nos encontrávamos. Ela assistira, na noite anterior, a um especial de tevê dedicado à minha obra. A palavra "transtornada" define bem o estado em que ela ficou ao me ver na sua frente, depois de ter assistido ao tal programa. Embora já tivesse me visto inúmeras vezes em situações semelhantes, parece que algo tocou minha mãe de modo especial. "Apesar de eu saber desde sempre da sua inteligência, meu filho, foi só ontem que eu vi que pus no mundo uma pessoa muito importante", foi tudo o que conseguiu dizer, aos prantos, enquanto me abraçava com força, os dois quase que de uma queda indo ao chão, como a Terezinha da canção infantil.

Esses dois episódios foram fundamentais para que eu tomasse a decisão, quanto ao meu trabalho literário, de jamais perder de vista o tipo de leitora que era minha mãe. Uma pessoa muito simples, de pouca instrução formal e... sensibilíssima. Amiga dos livros, os quais só pôde ter em casa graças a minha irmã e a mim. Por causa dela, impus-me a tarefa de, sem rebaixamentos de qualquer ordem, tentar só escrever textos que convidem quem os lê ou escuta a se abrir a novas possíveis formas de contato com a palavra poética.

Paul Robeson

Escuto pela terceira ou quarta vez seguida o mesmo disco do baixo profundo Paul Robeson, que comecei a amar ouvindo-o junto com Américo, meu pai, em certas manhãs modorrentas de domingo, quando eu ia visitá-lo, ele e minha mãe já bem velhos, e puxava-lhe um e outro fio da memória. Foi nesse tempo, por volta de 1990, que eu aprendi a conversar com meu pai. Tantas e tão fortes eram as discordâncias entre nossos pontos de vista sobre a vida e o mundo que o melhor, entendi com grande esforço, seria amá-lo como ele era, deixando que falassem mais os poucos pontos que nos ligavam um ao outro.

Paul Robeson, que o cineasta Serguei Eisenstein, em suas *Memórias imorais*, chamou de "gigante negro incomparável", foi um desses pontos de contato que transformei em sólidas pontes de diálogo quase silencioso com Américo. Eu punha um dos LPs de Mr. Robeson para tocar, abria uma cerveja, enchia o único copo que meu pai tomaria ao longo de todo o domingo e me sentava junto dele, bem perto mesmo, por vezes com a cabeça em um de seus ombros, e o incentivava a falar do passado. Algumas dessas conversas eu filmei. Valem menos pelo conteúdo do que pela possibilidade que me ofertam, hoje, de pensar o quanto há dele em mim, no homem velho que vou me tornando.

Escutar, ler e ver ao mesmo tempo

Foi só em 1989, ou seja, onze anos depois de ter realizado minhas primeiras tentativas no campo da *palavraimagem*, que eu tive oportunidade de conhecer de perto, por dentro, um espaço multissensorial ativado pela palavra. Refiro-me à exposição ESCUCHAR LEER MIRAR / HÖREN LESEN SEHEN, que teve lugar no Centro Cultural UFMG, em 1989, numa iniciativa do Instituto Goethe, responsável pela turnê latino-americana dos poetas germanos Franz Mon (1926-2022), Ferdinand Kriwet (1942-2018) e Jochen Gerz (1940).

Essa experiência mudou para sempre a minha concepção de poesia e, por extensão, de arte. Para minha total surpresa, Mon, Kriwet e Gerz eram definidos, no texto do curador da mostra, Hansjörg Schmitthenner, como "artistas dos 'mixed media', que, franqueando as fronteiras literárias, irromperam em outros gêneros artísticos (pintura, escultura, música, fotografia, cinema, arte sonora, artes cinéticas), fizeram saltar e ampliaram a tradicional noção da literatura e criaram novas possibilidades de expressão e comunicação artísticas". Fascinado com tais premissas, intuí que a questão mais relevante a ser enfrentada pelo poeta contemporâneo teria a ver menos com a refutação da dimensão "literária" da escrita poética (numa tentativa algo preguiçosa de transformar em dogma a conhecida frase de Ezra Pound a respeito da poesia — que "não é bem literatura", estando "mais próxima da música e das artes visuais") que com o empenho em disputar o direito ao trânsito livre por um *espaço literário* — nome, a propósito, de um importantíssimo ensaio de Maurice Blanchot — tão ampliado quanto complexo.

Também me interessou muito, no texto de Schmitthenner, a definição da obra de cada um dos três artistas como, ao mesmo tempo, "averiguação, experimento e resultado". Era muito estimulante ler isso justo no momento em que eu começava a sentir na pele a "experimentofobia" que por aquela altura ainda predominava no acomodado, elitista e compartimentado ambiente cultural da capital mineira. Reagia-se a tentativas de poesia visual com termos como "isso é catálogo de tipos".

Visitei a mostra mais de uma vez. As obras em grandes formatos de Kriwet eram as minhas favoritas. Porque frisavam de modo ostensivo o seu hibridismo e a decisão do poeta/artista de tensionar o espaço expositivo que o poema, de resto, estabelece já desde a sua materialização na página, na tela do computador, na do cinema ou em qualquer outro suporte. Muito do que faço hoje teve como estímulo inicial o mergulho nessas peças, felizmente reproduzidas, naqueles tempos pré-web, num catálogo muito bem elaborado que ainda hoje consulto com frequência.

Será melhor se for um poema curto

Em 2019 eu voltei a participar da Festa Literária Internacional de Paraty (Flip), a convite de um amigo suíço, Vanni Bianconi, poeta e curador do projeto Oca Babel. Minha primeira participação no evento acontecera dois anos antes, quando apresentei, com extraordinária recepção pelo público, uma performance em que eu cruzava poemas de diversas etapas da minha trajetória. Vanni, que estava lá, me convidou para encerrar o festival Babel, promovido por ele, todos os anos, na linda cidade de Bellinzona, que, por suas montanhas, me fez lembrar de certas paisagens mineiras.

A ideia da Oca Babel é muito interessante. Para a programação de 2019, que girou em torno do tema da tradução, meu amigo me convocou para participar de duas performances. Na primeira, eu formaria uma trinca com ele mesmo e a atriz Simone Spoladore, cabendo a mim a leitura de alguns escritos do artista makuxi Jaider Esbell (1979-2021), que se encontrava em turnê fora do Brasil. O segundo compromisso que assumi foi o de dividir o palco com o poeta e performer Michael Fehr.

Às voltas com um sem-número de atividades profissionais, muitas delas fora de Belo Horizonte, não tive tempo de pesquisar sobre o trabalho de Fehr. Apenas fui informado de que se tratava de um dos mais prestigiosos nomes da poesia experimental em seu país. O poeta Guilherme Gontijo Flores, meu amigo, ficou responsável por fazer a ponte entre mim e Michael, para a tradução dos poemas que apresentaríamos na nossa performance, agendada para uma noite de sábado.

Ao longo dos meses que antecederam o encontro, não foram poucas as sutis cobranças que recebi, da parte de Vanni e de Guilherme, em relação ao envio dos poemas que eu pretendia apresentar. O argumento era sempre o mesmo, com pequenas variações: "Os suíços não são como os brasileiros, que deixam tudo para a última hora. Eles são rigorosos, gostam de saber com antecedência o que farão em cena". Isso era tudo o que me diziam. Saltando de uma para outra cidade, muitas vezes acordando sem saber exatamente onde me encontrava, eu só conseguia responder que enviaria os meus poemas assim que parasse um pouco em casa.

A situação era incômoda, mas eu nada podia fazer, além de tentar manter a calma. Meus amigos entenderam que era melhor deixar as coisas fluírem no seu devido tempo. Sabiam, também, que de uns tempos para cá eu adotei, como premissa, uma postura mais próxima à dos músicos do free jazz, ou seja, muito do que faço em cena é decidido quando já estou no palco. Salvo nas situações em que escolho o poema de abertura e o de encerramento, acostumei-me a performar sem um roteiro preciso.

Já em Paraty, Guilherme voltou à carga. Eu precisava definir o repertório a ser compartilhado com Michael. Me disse: "Será melhor se for um poema curto, para que o Michael possa decorar". Escolhi o poema e o encaminhei para que Guilherme o traduzisse. Na tarde da performance, que aconteceria à noite, fui apresentado ao meu colega suíço, e entendi o motivo da preocupação geral quanto ao roteiro. Meu parceiro de palco enxerga ainda menos do que eu. Ri, comigo mesmo, ao pensar no quanto teria sido melhor se tivessem me informado dessa circunstância. Eu certamente teria bolado algo especial para a ocasião, tirando partido do encontro entre dois artistas "da presença" que são tecnicamente cegos.

Campos energéticos

A apresentadora do programa de televisão me pergunta se eu consigo me entender, hoje, por conta da poesia, e eu respondo que sim. Que eu consigo compreender a transitoriedade e a relatividade da minha presença física, espiritual e ética no mundo. Digo também que graças à arte da palavra tenho conseguido aceitar mais os zigue-zagues da vida, e também as trocas de energias que se processam aqui e ali. Conto a ela que cada vez mais tenho presente a imagem do meu pai, que morreu com 97 anos, e que dizia que mais importante do que sonhar com um mundo em que não ocorram problemas é a gente se posicionar diante da vida e do mundo como quem sabe que podem ocorrer problemas, mas também como quem sabe que podem surgir surpresas boas, situações mágicas, alguém disposto a ajudar, alegrias. Digo, por fim, que o que a poesia me ensina de mais importante é a viver em estado de prontidão, no tempo em que passo acordado. Porque algo sempre pode acontecer enquanto vivemos.

Na época dessa entrevista eu ainda não havia incorporado o sonho aos procedimentos de que me valho hoje para pescar poemas. Tampouco havia aprendido a técnica de trabalhar num poema ou na criação de qualquer outra peça artística até o limite da exaustão, quando abandono a lida e me deixo cair na cama, tal como estou vestido, de roupa e tudo, sem tomar banho, escovar os dentes ou fazer minhas orações. É fazer isso e acordar, cerca de quinze minutos depois, assustado, mas com a solução para o problema pendente e, não raro, sugestões para dar início, simultaneamente, a outras obras.

Eu não sou um sujeito muito imaginativo. Dependo, para escrever, do que chamo de imaginação da letra, que vejo primeiro como forma. Daí o gosto pela caligrafia, que me permite oscilar, às vezes, a partir de um único traço, entre o que parece um resto de letra e uma garatuja infantil. A depender do que uso para escrever (lápis, esferográfica, giz, carvão etc.), a mente se esvazia mais ou menos rápido e a mão passa a determinar o caminho criativo — a estabelecer, efetivamente, os termos dessa relação entre os elementos. Aos poucos vão se formando sílabas soltas, palavras curtas, às vezes frases. Há casos, como o do poema "Rosto", do livro *Impossível como nunca ter tido um rosto*, em que escrevi da primeira à última linha atento apenas aos significantes, sem saber direito qual era o assunto do poema:

Rosto

) Um rosto que só se pode ver como recusa
ao fardo que é ter um rosto (Um rosto que ninguém jamais

viu sem ter sido no mesmo instante tomado pelo puro horror)
Um rosto vazio (Sem voz)

Um rosto no vazio (Que se nutre da espuma
que a branca escuridão

de seu silêncio produz)
Um rosto confinado à ausência

de contornos que o define (
Um rosto indefinível)

Frio (Um rosto que escava sua própria superfície
noturna) Um rosto muito lento (Alheio

a tudo em seu entorno) Deserto por dentro (
Interrompido (Um rosto (O menor rosto (

O maior) Algo que poderia ser tomado
por um rosto caso alguém o visse de relance

numa tarde pluviosa (Um rosto
que se desdobra em muitos outros)

Um deserto frio que se assemelha a um rosto (Um
rosto que se descola de outro)

Um/o não-rosto (
Que a luz do sol não toca)

Que na direção de nenhum outro rosto
se volta (O mesmo outro

rosto da noite anterior)
O rosto mais estranho (Uma falsa impressão

de rosto
) O rosto possível, dadas as

circunstâncias (
Impossível como nunca ter tido

um
rosto)

Gosto quando acontece dessa maneira. Porque se dá, assim, um equilíbrio entre os elementos do poema, a mão que pensa, a cabeça esvaziada de pensamentos e, contudo, povoada de imagens disparatadas, que vou juntando por homofonia, alheio ao sentido, minha respiração a pontuar as pausas, meu corpo inteiro que passa a se movimentar de um jeito diferente. Quem já presenciou alguma das minhas performances deve ter identificado, nessas descrições, a base de alguns dos gestos (inclusive vocais) que conformam a minha *corpografia*. Porque não se trata propriamente de dança o que faço em cena. Com um livro nas mãos ou com ambas as mãos livres, eu sempre busco recuperar, no corpo e na voz (*vocografia*) aquela errância que caracterizou a escrita do poema. Mesmo ciente de que não terei como recuperar toda a paleta gestual por que passei enquanto escrevia, evito a hipótese de "ilustrar" a vocalização do poema por meio de um recurso bastante simples: a manipulação de algum outro objeto visual, sonoro ou cênico que me leve a dividir a atenção entre cada item da performance, e não só no texto, ou melhor, no sentido do texto.

Amo a quase total falta de controle a que o recurso a tais procedimentos me conduz. Porque, livre dos afagos ou da pressão intimidadora do ego, vejo-me obrigado a me entregar, sem reservas, a um contexto espaçotemporal que bem pode tornar-se adverso, uma vez que o público não dispõe de qualquer referência segura para se orientar. O que pode resultar em reações muito interessantes, por parte da plateia, quando performo no estrangeiro ou, por exemplo, numa pequena cidade do sertão pernambucano. Para lidar com aquele conjunto de informações múltiplas e simultâneas, o público se vê instado a escolher o que ver e ouvir. No estrangeiro, em função da barreira da língua; no sertão, por falta de contato anterior com uma forma de arte verbal que nem é a da poesia falada, cantada e vendida em cordéis na região, tampouco é teatro. Ou será que é?

Me instigam tais situações, que apontam para uma outra questão colocada pelo tipo de performance que faço: nela, o público é chamado a sair da passividade com que habitualmente assiste à atuação de um poeta que lê, declama, ou recita seus versos para integrar-se, de modo ativo, numa cadeia intersígnica que faz dele um correalizador do que vê e ouve. É certo que existe quem me vê apenas como alguém que pratica no palco ações desconexas entre elas, como também é fato que existe um número crescente de pessoas que admitem ter vivido, ali, durante uma performance minha, alguma experiência de outra ordem. Guardo com muito carinho alguns comentários sobre esse traço das minhas performances feitos por pessoas amigas e por desconhecidos. Como este, do poeta paulistano Claudinei Vieira, em uma postagem no seu perfil do Facebook, em 2016:

> [...] Já tinha ouvido falar no nome de Ricardo Aleixo e chamou mais ainda minha atenção quando observei aquele negro alto, magro, de chapeuzinho, que não conversava muito, ficava na dele, até subir no palco e, mesmo sem ainda falar nada, trazer uma curiosa tensão ao seu redor. Percebi de imediato alguma coisa especial, mas, pessoas, não estava preparado para o impacto. Minha pele se arrepiou. Mais do que falar, declamar, mais do que recitar poemas, Ricardo Aleixo muda a energia ao seu redor. O ar parece ficar diferente. As palavras não são mais palavras, são ecos de um mundo interior, remontados, torneados pela força, pela beleza de sua fala. De seu corpo. Pois ele usa seu corpo, seu ar, sua voz, como componentes básicos da Poesia (como na realidade sempre são, mas temos medo de usar). Ele usa o palco, o "público", como elementos dessa energia. Mais do que experimentação, mais do que uma busca, ele realiza uma descoberta da beleza interna dos sentidos. E nos mostra. Quando vemos Ricardo Aleixo,

nunca conseguimos dissociar seu texto (as palavras) de sua pessoa, de portanto, nesse momento, estarmos sim fazendo a Poesia possível.

Impressiona-me, nessa breve explanação, o quanto Claudinei conseguiu penetrar em um lugar que eu julgava inacessível mesmo a quem convive comigo: o da plena abertura à expansão da mente, em contínua fusão com os meus cinco sentidos e com tudo o que conforma o meu corpo enquanto uma "mídia primária", para falar como o teórico da comunicação Harry Pross, e um "espaço tensionado", a partir do qual se instauram e se expandem outros espaços. Desde que comecei a escrever adotei como estratégia de despiste a colocação de ênfase nos aspectos técnicos e formais do meu processo criativo, numa trilha que me inseria, pelas bordas, na linhagem construtiva da poesia brasileira, deixando em segundo plano o papel das emoções, que numa sociedade patriarcal e logocêntrica como a nossa tendem a ser identificadas como pertencentes a um mundo "inferior" em relação à suposta racionalidade que organizaria o mundo macho e branco na política, na economia, nas ciências e mesmo na arte. Eu ainda não lera o já citado Maturana, que define as emoções como "disposições corporais dinâmicas que especificam os domínios de ações nos quais os animais, em geral, e nos seres humanos, em particular, operamos num instante", e cri, por muito tempo, na ficção que é a ideia da linguagem como algo apartado da vida cotidiana.

Outro poeta, também de São Paulo, Dirceu Villa, já havia apontado algo semelhante às observações de Claudinei, no prefácio que escreveu para o *Impossível como nunca ter tido um rosto*:

> a poesia de Aleixo aciona todas as instâncias daquilo que faz um poema, nunca supondo que a linguagem escrita é um código pronto e inquestionável, para o uso mecânico:

desconfiando dele, e exigindo mais dele, Aleixo faz com que cada parte desse aparato de escrita renda sentido novo, ao posicionar palavras, pontuar, dispor sintaxe, relacionar sons por paronomásia. Isso é o que Mallarmé chamou *rien, ou presque un art*, "nada, ou quase uma arte", porque a poesia está sempre em um limite de sombra entre algo perfeitamente invisível e a visibilidade de uma linguagem ordenadíssima, inventada pelo poeta. O segredo permanente dessa ambiguidade ideal entre uma coisa e outra é o fascínio que exerce essa arte tão central e tão marginal, a poesia, arte de que Aleixo é um dos principais artesãos, atualmente.

Embora muito me envaideçam citações como essas, tomo-as aqui menos pelo que trazem de eventual confirmação de qualidades artísticas que têm sido atribuídas a mim ao longo das décadas e mais porque me permitem tratar com maior profundidade a questão com que iniciei este capítulo: o autoconhecimento. Não necessariamente "a busca do autoconhecimento", mas a aceitação do fato de que eu poderia e posso lidar com tema tão cercado por controvérsias, leituras superciliosas e preconceitos sem adotar práticas e/ou conceitos alheios à minha vida como pessoa-artista.

Recorro, para isso, às respostas que dei a duas perguntas formuladas, em já não me lembro qual momento da década passada, talvez 2012, por alguém cujo nome não encontrei numa folha de papel esquecida em meio a outras:

1) Você diria que seu trabalho vincula-se a tradições ritualísticas pertencentes à ideia do sagrado?
Sou uma espécie de cético não ortodoxo. Não tenho religião, embora reconheça que tudo é sagrado. Sinto-me poeticamente próximo do divino, das divindades, e esta condição é essencial para o desenvolvimento do meu trabalho artístico,

sobretudo no que diz respeito à performance. O que são as evoluções com o poemanto (falo sobre ele num poema-ensaio do meu livro *Modelos vivos*, de 2010) senão a reiteração de um diálogo aberto com o espaçotempo dos ancestrais? Tradições? Não. A menos que se pense nas tradições inventadas, ou recriadas, ou, ainda, reprocessadas ao longo de séculos, como as de matriz africana. E, claro, a prática artística é, hoje, para mim, uma elevada forma espiritual, "um feitio de oração". Penso em John Cage, em John Coltrane, em Walter Smetak, em Meredith Monk, em Ravi Shankar, em Kazuo Ohno, e me sinto como que incentivado a prosseguir nas minhas tentativas de conversa — íntima e intensa —, a um só tempo, comigo mesmo e com tudo que vive.

2) Como você consideraria a ideia de religiosidade inserida no contexto criativo contemporâneo (performance, símbolos, signos)?
A menos que se enfoque a religiosidade de um ponto de vista mais amplo, não forçosamente ligado à prática de uma religião específica, prefiro insistir no tópico da espiritualidade. A arte que denominamos "contemporânea", até por ser neta dos projetos de expansão da consciência que animaram o ambiente artístico-cultural da década de 1960 em diante, extrai muito do seu melhor de propostas que lidam de forma criativa com o divino e com o imaginário construído em torno dele. Ao contrário dos que veem em tais projetos apenas mais uma forma de escapismo, prefiro identificar, aí, o possível reatar de fios que certo racionalismo tentou em vão manter soltos demais, desconectados demais. Sou otimista quanto à possibilidade de a arte voltar, por essa via, a ter espaço menos episódico na vida das coletividades. Sem nostalgia, e também sem o niilismo, o desencanto e o consumismo que grassam por tudo que é canto, o que faz da arte, quando muito, um mero "serviço"

a ser prestado por pessoas constrangidas a terem, como única meta, o pagamento de boletos no final do mês.

Em 2014, criei os Ateliês de Leitura Sonora — A Arte da Escrita em Voz Alta, com o objetivo de compartilhar com outras pessoas as minhas descobertas. A proposta destinava-se "a toda e qualquer pessoa que manifeste o desejo de explorar a multiplicidade de caminhos criativos que se abrem a partir da vivência do campo energético ativado pela relação livro/voz/corpo. Seja para se qualificar artisticamente, para adquirir maior desenvoltura no trato com o público, para lidar com algum tipo de inibição ou, ainda, para preencher o tempo livre. É necessário apenas que a pessoa seja alfabetizada, que já cultive o prazer de ler e que não apresente problemas vocais de ordem clínica, os quais, evidentemente, eu não estou apto a diagnosticar e tratar".

Eu enfatizava, ali, pontos do meu trabalho como performador e leitor público que, até alguns anos antes, eram pouco destacados, tanto por mim, em entrevistas e depoimentos, quanto por estudiosos da minha obra, nos debates acerca do meu processo criativo. Refiro-me, primeiro, à ideia de "campos energéticos", que, embora fundante em meus trabalhos anteriores, eu deixava de mencionar, por receio de que viessem a confundir o que proponho com algum tipo de "terapia alternativa". Nos ateliês, eu falava sem reservas da hipótese de "afinação das energias instauradas no âmbito da relação livro/voz/corpo", que é uma relação entre organismos vivos, códigos vivos, princípios ativos, como hoje já se sabe.

O outro ponto dizia respeito ao uso cada vez mais intenso, no meu trabalho, de procedimentos aprendidos em práticas espirituais de tradições culturais extraeuropeias, como as africanas e as ameríndias: técnicas de respiração, formas de entoação e projeção da voz, usos não mecânicos do gesto e do movimento etc. Já desde o título, eu quis evidenciar o fato de que a Leitura

Sonora nada mais é do que a transposição da escrita verbal para o espaço acústico, por meio da voz, e, ao mesmo tempo, a materialização da chamada "leitura em voz alta", que, no meu entendimento, bem pode ser percebida como um tipo especial de escrita.

Já à recorrente pergunta sobre a possibilidade de "cura pela poesia", eu dava a resposta mais simples e honesta possível: "A palavra cura, não necessariamente a palavra poética. E não no sentido que a medicina alopática convencionou, que é o da eliminação de uma determinada doença num corpo doente, mas no do cuidado permanente e mútuo que organiza a relação entre o falante e a palavra. É disso, a propósito, que trata o termo 'palavra falante', que utilizo para designar esse jogo linguageiro que leva o signo verbal a nos falar, ao invés de ser apenas 'falado' por nós. Num tempo, como o nosso, de visível e audível 'expansão da peste da linguagem', para usar a forte e tão precisa expressão de Italo Calvino, é essa a possibilidade de cura com que nos acena a palavra poética, a palavra literária".

Bienal Internacional de Poesia de BH, 1998. Com Carlito Azevedo, Augusto de Campos, André Vallias, Júlio Castañon Guimarães e Cid Campos. Foto de Rúbio Grazziano.

Aconteceu maravia

Um amigo querido, o poeta, compositor e violonista Dan Hanrahan, tradutor de muitos dos meus poemas publicados nos Estados Unidos, desde a década passada, me disse, certo dia, que considera Minas Gerais "a terra dos poetas e viajantes místicos". Gostei disso. Muito. Gostei porque li essa declaração de amor ao lugar onde nasci num momento em que já estavam consolidadas tanto a minha fama de "vagamundo poeta" quanto a passagem da condição de "cético não ortodoxo" para a de pessoa artista que tem como principal demanda, hoje, o restabelecimento de vínculos entre arte e mística, com, de permeio, a reflexão sobre a cidade enquanto lugar dos encontros que tornam possível a política, em sua acepção mais elevada.

Reconheço-me, sem grande esforço, entre os poetas e viajantes místicos mencionados pelo meu amigo. Porque, cada vez mais perto do inevitável retorno à terra, mais compreendo a viagem como um dos modos possíveis de tentar ver o outro, de *outrar-me* e, com isso, encontrar a mim mesmo no outro. Não a viagem turística. Não a viagem profissional. Não qualquer viagem. Não necessariamente a viagem que nos leva de um a outro ponto qualquer do mapa do mundo.

Refiro-me a um tipo de viagem que pode se realizar dentro da própria cabeça, à verdadeira viagem que é a conversa com quem está longe, por meio do pensamento. Com pessoas queridas, vivas ou mortas. Tenho conversas-viagens com muitas pessoas invisíveis: meu pai, minha mãe. E com pessoas visíveis, como o poeta Edimilson de Almeida Pereira, o artista Paulo Nazareth e o pensador Ailton Krenak, meus amigos — curiosamente, os três nascidos nas Minas Gerais e notórios viajantes. De conversas-viagens à distância com Edimilson foi que nasceu, em 1996, o nosso livro em parceria, *A roda do mundo*, no qual fazemos deambulações poéticas pelos universos banto e iorubá. Também com Paulo Nazareth, que fez da *andarilhagem* uma forma de arte, eu converso com relativa assiduidade — eu onde estou e ele lá, onde estiver. Com Ailton, as conversas-viagens, muito frequentes, já renderam situações inusitadas, como uma de que já falei publicamente inúmeras vezes em eventos.

Era 2017, ano em que fui à Suíça para fazer uma performance no Cabaret Voltaire e uma demonstração de processos criativos na Universidade de Zurique. Levei, para ler durante o voo, o livro de entrevistas de Ailton Krenak publicado pela editora Azougue na coleção Encontros. Já de novo em casa, passei dias pensando no livro e no seu autor. Só aumentava a vontade de conversar com o meu amigo, sem que eu tomasse a iniciativa de escrever, telefonar, mandar um áudio ou percutir no *talking drum* um recado para ele. Uma noite, dentro de um ônibus intermunicipal, recebi, via mensagem de WhatsApp, enviada por uma amiga, um pequeno vídeo em que Krenak lia um trecho do meu livro de entrevistas — como o dele, publicado pela Azougue.

Ailton estava numa livraria, em Belo Horizonte, no começo de sua palestra, e disse isto: "Estou com um livro do Ricardo Aleixo, que me achou enquanto eu passava aqui ao lado, ele saltou na minha mão pra dizer o seguinte (AK lê um fragmento sobre o silêncio)". Semanas depois eu soube que o amigo estaria outra vez em Belo Horizonte, para um debate no Teatro Francisco Nunes, e me preparei para ir ter com ele. Fui e, logo ao chegar, me juntei, no hall do teatro, a um pequeno e animado grupo de pessoas queridas, de costas para a porta de entrada. Senti que alguém me abraçou por trás. Era Ailton. Quando virei para cumprimentá-lo direito, transformamos o abraço numa espécie de dança ritual da alegria e da amizade. Durou o tempo que tinha de durar.

Com a serenidade que lhe é peculiar, Krenak interrompeu a quase dança e me disse, olhos fixos nos meus, que pensou em mim e eu apareci. Só me restou fazer um cantopoema, a que dei o nome de "Aconteceu maravia" ("Li o livro do parente/ pensei nele e ele apareceu/ olha só quanta alegria/ olha que feliz sou eu/ olha só quanta alegria/ maravia aconteceu// Não aqui no Campo Alegre/ e sim numa livraria// Olha que feliz sou eu/ olha só quanta alegria/ olha que feliz sou eu/ aconteceu maravia// Eu virei livro/ um livro vivo/ uma floresta/ eu virei// Saltei da estante/ na mão do parente/ e outra floresta/ me leu").

Etnografia de mim mesmo

Cheguei de Belo Horizonte há cerca de quarenta minutos. Comprei a passagem de volta e parti em busca dos sanitários. Mijei com vontade, escovei os dentes, lavei o rosto e fui atrás de opções para o desjejum. Não eram muitas. Só encontrei uma lanchonete especializada em variedades de pão de queijo. Quebrei minha tradição de só comer a prosaica iguaria em Minas (menos por bairrismo do que pelo preço — extorsivo, em aeroportos e, descubro agora, em rodoviárias). Os que servem nos cafés dos hotéis são insossos. Pago treze reais por um pão de queijo e um café pequeno. O mesmo preço de uma refeição no restaurante caseiro, próximo à minha casa, onde ainda ontem almocei.

Decidi me servir deste caderno porque gosto de usá-lo para rabiscar qualquer coisa que ainda não é uma ideia, mas pode vir a ser, e porque há impressões que só consigo recuperar à base de notas, desenhos e diagramas — há também as fotos e os vídeos, que acumulo sem método no celular até transferir tudo para o HD portátil.

Um terceiro motivo: tem me fascinado perceber o quanto existe de empenho etnográfico no meu modo de tratar de um tema, desde a pesquisa até a sua transformação em texto. Isso me alegra muito. Sinto-me pronto para assumir plenamente os vínculos com a etnopoética/etnopoesia, em seus dois eixos, a dos estadunidenses (Jerome Rothenberg, Gary Snyder e Dennis Tedlock) e a do alemão Hubert Fichte.

Ainda ontem anotei neste caderno, meio por blague, a palavra POETNOLOGIA. Não sei o que fazer com ela. É certo contudo que não sinto mais a necessidade de justificar, como fiz tantas vezes, o recurso ao programa teórico-prático da etnopoética/etnopoesia com a adversativa "apesar do prefixo 'etno', que já evidencia a nítida e, talvez, incontornável radicação eurocêntrica desses dois vocábulos etc.".

Projeto de escrita, projeto de vida

Até alguns anos atrás, já com relativa projeção literária para além das montanhas de Minas, ainda me causava incômodo a constatação da inexistência, no período das minhas primeiras tentativas poéticas, de um projeto de escrita. Hoje sou mais tolerante com o meu começo, mas chegou a me horrorizar a lembrança da imprudência com que me lancei num mundo sobre o qual eu nada sabia. Um mundo hostil aos que não tiveram um berço (eu, de pequeno, dormia numa espécie de manjedoura improvisada pelo meu pai) e não ostentam um nome de família com "pedigree" literário. Aprendi, já perto dos anos da maturidade, a ver de modo um tanto diferente a minha história. Afinal, sem ter nem mesmo rascunhado um projeto de vida, como é que aquele adolescente pobre do Campo Alegre poderia ter desenvolvido algo pelo menos aproximado com um projeto de escrita, se só pensara, até escrever a primeira leva de poemas, em jogar futebol, movido por um tipo de prazer que chegava às raias da obsessão? Não ter dúvidas quanto ao desejo de escrever já era muito para mim, naquela altura da vida.

Às vezes eu mesmo penso que não sou muito normal. Porque é assim que sou visto pelo pessoal do bairro. Isso de ficar só trancado no quarto. Lendo e ouvindo música. Lendo e tirando um som. Lendo e escrevendo a porra de algum treco que não deixo ninguém ler. Minha mãe é a única que me entende totalmente. Que parece que me entende. Vez ou outra escuto ela conversando com alguém, tentando

explicar. Alguma visita. Um parente. Esta casa é uma caixa acústica. A gente ouve tudo que se fala, mesmo que a pessoa que fale esteja sussurrando. Ela diz para as pessoas que sempre fui diferente da minha irmã. Que é toda extrovertida. Pra cima.
Ela fala com todo mundo. Eu sou meio fechadão, desde pequeno assim. Mas não sou triste. Nem bravo. Só pareço ser. Ou finjo. Pra poder ficar na minha. Dia de chuva fininha que nem hoje, então. Não dá outra. Ligo a televisão sem som, deixo só a imagem. É gozado isso. Porque eu adoro som, e televisão em casa é novidade. Só entrou uma aqui quando eu já tinha dezesseis. Primeira vez que eu assisti TV foi perto do tempo em que entrei para a escola. Na casa da vizinha, em Santa Efigênia. Toda noite íamos ver novela na televizinha. Também curto pegar o violão e tocar até o dedo calejar. Acordes. Fico tocando umas levadas de jazz nas cordas graves do violão.
Já compus algumas músicas.
Nenhuma com letra. Uma só que tem palavras.
Um recitativo. A voz é gravada.
Abri o Assim falou Zaratustra *e li alguns trechos.*
Os que eu gosto mais.
Gosto de ficar sozinho, sim.
Me faz bem. Todo dia é a mesma coisa.
Quando a prima Tê está de folga ela e eu arrumamos a casa ouvindo música e fazendo as vassouras de guitarras.
Também costumo lavar as vasilhas.
Com o som ligado. Lógico.
Fico lá enquanto a dor no olho não me joga de novo na cama.
De óculos escuros o tempo todo. É.
Mês que vem faço 21 anos.
A Fatima é minha parceirona. Continua a ler muito. De tudo.
Vive comprando livro pra mim. Revista. Disco. Tudo que eu tenho é ela que compra.
Desde que eu sofri o acidente.
Ela tem a maior coisa comigo.

E eu com ela. Irmãzona.
Aqui a gente é um pelo outro e os dois pela tribo toda.
Bem dentro do que Íris e Américo ensinaram pra gente.
Mas o gravador, eu ia dizendo.
Com o tempo eu aprendi a fazer umas coisas com ele.
Sobreposições.
É assim. Faz a primeira gravação.
Rebobina.
Com o dedo pronto pra pressionar a tecla stop, dá play
pra encontrar o trecho certo.
Encontra o ponto e tira o cartucho com cuidado do gravador.
Aí enfia uma agulha de tricô nos furinhos que tem nas laterais da fita.
A agulha só não pode ser metálica. Pra não desmagnetizar a fita.
Depois é só repor a fita no gravador e gravar de novo por cima.
Só não consigo sobrepor o violão.
Porque só tenho duas mãos, é lógico.

Poesia era o meu negócio. Minha ideia fixa. Minha comida. Eu lia três ou quatro livros ao mesmo tempo. Em voz alta, se não tivesse ninguém por perto. Augusto. Pound. Maiakóvski. Leminski. Ginsberg. Cabral. Torquato. Sebastião Nunes, que me incluiu na lista do pessoal para quem enviava seus livros na base do "pague o quanto quiser, ou não pague nada". Com meu inglês de ginásio, meu espanhol de orelhada, meu alemão de anedota. No ônibus. Oswald. Drummond. Goethe. Safo. No fundo da casa. No meu quarto. Rimbaud. Baudelaire. Murilo. No campinho, antes de levar a bolada, enquanto esperava a vez do meu time voltar a jogar, eu escrevia um ou dois poemas por dia. Quatro, quando me sentia bem-disposto. Cópias descaradas, plágios, exercícios "à maneira de".

Mais que qualquer outra coisa, eu lia. E relia. E treslia. Os livros como que colados ao meu rosto, por causa da alta miopia e da nunca suficientemente amaldiçoada cegueira. Dylan — o Thomas, não o cantor (que eu ainda não considerava um poeta). Arnaut. Pessoa. Sabia que a oportunidade bateria à minha porta, que era só uma questão de tempo. Claro que não pensava no significado da palavra "oportunidade", quando associada a um poeta. O mais difícil eu já havia feito: deixei a escola, aquele lugar o mais das vezes cinzento como um cérebro oco, onde passei tempo demais desde os oito anos incompletos, para poder dedicar todas as horas de cada dia a estudar tudo de que eu achava que precisava para me tornar um poeta: teoria da literatura, filosofia, semiótica, música, versificação e metrificação, arquitetura, antropologia, história. Fiz um uso bastante pessoal da bibliografia utilizada pela Fatima na UFMG. Dispensei o que me pareceu dispensável e acrescentei tópicos ao que a minha intuição escolheu como relevante.

Ainda bem que ninguém da minha casa jamais se dignou me perguntar do que é que eu pretendia viver. O que é que eu poderia responder? Que queria me tornar um poeta profissional? Seria ridículo. Pois se a minha irmã já se decepcionara com o curso de Letras da UFMG, que não lhe deu mais do que um diploma, quando ela esperava obter orientação e incentivo para o seu desejo de escrita, como poderia eu alimentar a ilusão de que daria pé viver de poesia? Verdade seja dita, eu nem pensava em tais questões. Me sentia um poeta. E pronto. Entendo, hoje, que o silêncio dos meus pais, e também o da minha irmã, tinha a ver com o alívio que lhes proporcionava me ver ensaiando algum movimento para fora do meu quarto de doente.

Os primeiros dias de Paupéria

O ano de 1979 marcou a minha despedida da espécie de presídio de segurança máxima a que se dava na época o nome de escola e, de quebra, meu primeiro contato com um poeta de carne e osso, Libério Neves. Os fatos de algum modo se interligam. Perto de completar dezenove anos, ao longo de incontáveis meses, eu pegava o ônibus das dezessete e quarenta e cinco para, depois de enfrentar uma verdadeira viagem até o centro da cidade, tentar chegar por volta das dezenove horas no Instituto Municipal de Ciências Contábeis (Imaco), no Parque Municipal, onde cursava o segundo ano do curso de contabilidade. Foram muitas as vezes em que parei na metade do caminho até a escola, mais exatamente na livraria Pax, que funcionava na avenida Afonso Pena, bem ao lado do café Pérola. Sem nem sombra de dinheiro no bolso, eu saltava de um para outro livro da seção de poesia, uma ou outra noite anotando um poema inteiro, ou só um verso, sob o olhar ora indiferente, ora curioso dos vendedores.

A descoberta da Pax foi motivo de grande alegria para mim. Entre outros fatores, porque frequentar, pela primeira vez, uma livraria me conduzia a um outro posicionamento no tocante à relação de trocas artísticas e intelectuais desde sempre estabelecida com a minha irmã, sem a qual eu simplesmente não teria saído do lugar, em termos de vontade de poesia/arte. Ela, que cursava desde 1977 a graduação em Letras, na UFMG, deixava aos poucos de ser a única de nós dois a levar informação estético-cultural qualificada para casa, e isso fez com que as nossas conversas se tornassem muitíssimo mais ricas.

Eu praticamente fiz o curso de Letras junto com a Fatima, que me apresentava os livros do programa. Em contrapartida, eu trouxe para o nosso cotidiano a poesia e a arte de vanguarda, que ela conhecia "por alto". Nunca perguntei à Fatima, mas deve ter sido essa minha "virada" para o ambiente mental a que dou hoje o nome de "Experimentália" que lhe deu a certeza de que eu gostaria do presente-surpresa que ela comprou para mim quando completei dezenove anos, em setembro de 79: um LP duplo de Jimi Hendrix, da série *A arte de*. Foi o início de um novo ciclo, no qual eu me empenhei no estabelecimento de uma busca mais organizada por informações que me ajudassem a sistematizar os meus interesses estético-culturais.

Ainda a livraria Pax. Foi lá que eu folheei, pela primeira vez, além das publicações da imprensa independente, chamada à época de "nanica", livros do "campo psi", das diversas correntes do feminismo e da então nascente teologia da libertação. Das "nanicas", a que mais me interessava — fascinava é a palavra mais exata — era a *Rádice: Revista de Psicologia*, que tratava de temas como repressão política, terapias corporais, técnicas de tortura utilizadas nos tratamentos psiquiátricos, antipsiquiatria, sexualidades desviantes e outros. Curioso é que não me lembro de ter lido nem uma linha sequer acerca do racismo na *Rádice* ou em alguma outra "nanica". Estranho, e muito, essa lacuna porque me refiro ao ano de 1979, ou seja, apenas um ano depois da fundação do Movimento Negro Unificado Contra a Discriminação Racial. O racismo tampouco havia se tornado, ainda, em casa, um tema frequente nas minhas conversas com a mana — reflexo, por certo, da pouca fluidez do tema no ambiente acadêmico da época.

Quando eu resolvia dar as caras no colégio, tomava direto o rumo da biblioteca, onde pegava um livro qualquer — de poesia — e ia me sentar na mesa mais ao fundo, a cara quase grudada no volume, como forma de compensar a baixíssima acuidade visual. Certa noite, ao pedir que o bibliotecário me trouxesse, "por favor, um João Cabral", ouvi do simpático e silencioso homem o seguinte elogio: "Você lê bem". Eu, que desde pequeno fora acostumado, junto com a Fatima, a ler em voz alta para sermos avaliados por Américo, nosso pai, demorei a entender que o elogio se dirigia ao *que*, e não ao *como* eu lia.

Voltei para casa feliz, mas um tanto intrigado com aquele sujeito que se contentava em me entregar o volume que eu solicitava a ele, sem jamais fazer sequer a insinuação de algum título que eu poderia adicionar à minha crescente lista. Eu sabia que se tratava de alguém com vastos conhecimentos literários, e cheguei a vê-lo indicar livros a outros estudantes que o procuravam. Certo dia, qual não foi o meu espanto ao abrir o jornal *Estado de Minas* e dar com uma reportagem de página inteira sobre ninguém menos que o bibliotecário do Imaco. Com que, então, pensei, o homem é um poeta, parece até que de relativa importância, a julgar pelo espaço que o jornal lhe concedeu. Por algum motivo de que já não me recordo, deixei de aparecer no colégio à noite — e tampouco fui visto por lá nas noites seguintes. Quando o fiz, cobri-me de coragem e, depois de saudar o primeiro poeta com quem conversei na vida, ouvi dele, tão tímido quanto eu, o pedido de licença para me presentear com alguns de seus livros.

Já dotado de um nome e de um lugar entre os poetas aos quais eu dedicava a maior parte do largo tempo de que dispunha naquele distante 1979, Libério Neves acabou se tornando, dias depois, o primeiro leitor da minha fornada inicial de poemas, que apresentei a ele numa caprichada "edição" manuscrita — caneta Bic vermelha sobre papel almaço. Eu tinha plena consciência do quanto eram apenas passáveis aqueles experimentos, e meu novo amigo me confirmou, com suave franqueza, que minha autoavaliação era pertinente. Guardo em especial uma observação que ele fez a respeito das imagens disparatadas que se acumulavam de verso a verso, dispersas e sem força. Me aconselhou também a não aceitar como finalizada a versão de um poema em que tal ou qual palavra parecesse solta, sem função definida.

Ouvi em silêncio as observações de Libério, quando menos, porque a cada nova leitura de seus livros era possível constatar a coerência entre o que ele, sem pedantismo nem paternalismo, me dizia e o que praticava. De tal maneira me impressionaram os poemas, sobretudo os da série *Força de Gravidade em Terra de Vegetação Rasteira*, que cheguei a musicar alguns, naqueles tempos em que, poundiano até a medula, eu me entregava com afinco ao exercício da "crítica via música" como forma de tentar conhecer "por dentro" os poemas com os quais tinha contato. Não todos, óbvio; só aqueles em que eu entre(ou)via algo de diferente quanto à organização infraestrutural.

Gostava de fazer o contrário, também: criar outros textos para canções de Milton Nascimento, Belchior, Walter Franco, Luiz Melodia, Jards Macalé, Alceu Valença e de outros que eu ouvia desde a hora em que acordava até o momento de sair para a escola. Eu não tocava violão ainda. Só em 1980 ganhei o meu primeiro instrumento, dado pela prima Tê. Com o apoio de um antigo método de violão deixado em casa há muitos anos pelo primo Raimundo, ficava catando as notas e tentando entender a lógica da formação de acordes. A cada nova tentativa frustrada de tocar uma canção inteira eu sentia que começava a fazer uma outra música. Ou uma quase-música.

Mas isso só acontecerá de 1980 em diante, e eu preciso gastar mais algumas linhas com o incrível 1979, o ano em que passei a me ver como um artista, um poeta, pouco importando o que diriam a família, os amigos, a sociedade, a polícia, os generais da ditadura, a cúria metropolitana, o esquadrão da morte, o Silvio Santos e sei lá quem mais. Para essa decisão, que hoje me parece tão imprudente, contaram a leitura, digo, a devoração da primeira edição do livro póstumo de Torquato Neto, *Os últimos dias de Paupéria*, organizado por Waly Salomão, pelo qual paguei um preço que até o adolescente que eu era podia pagar, na livraria Eldorado — localizada no edifício Maletta, em frente à Cantina do Lucas —, e a escuta diária, apaixonada, ensandecida do tal LP duplo de Jimi Hendrix mencionado linhas atrás.

Waly

"Iná! Inaê! Janaína! Yemanjá!", foi o que gritou, ao telefone, o poeta Waly Salomão, quando eu contei a ele, em resposta à pergunta (sobre filhos: se eu tinha algum) que me fizera, à queima-roupa, o nome da minha então única filha. Corria o ano da graça de 1995. Integrante da comissão organizadora do projeto Tricentenário de Zumbi, promovido pela Prefeitura de Belo Horizonte, por meio da Secretaria Municipal de Cultura, eu editava, numa equipe que contava ainda com Sérgio Fantini e Rômulo Garcias, o tabloide *Áfricas Gerais*, em função do qual fiz contato com Waly: queria que ele nos enviasse um poema para publicação — que nem carecia de ser inédito.

Conversamos muito, ao longo de dias, sempre no início da manhã. Ele me ligava, ali pelas sete horas, e como que ordenava (esta é a palavra): "Me ligue quando chegar na repartição. Sou um poeta pobre, não posso gastar com interurbanos". E desligava. Eu, óbvio, ligava ao chegar na Secretaria de Cultura. Os assuntos variavam. Ele falava pelos cotovelos, mas também queria saber de mim, das coisas que eu fazia. Sabia ouvir. E me mostrava as sempre frequentes alterações no poema que já havia me enviado para publicação.

Explicava, didático e quase paternal, até o que eu já sabia: que Yemanjá quer dizer, literalmente, "mãe dos filhos peixes". Me explicou, também, o sentido das palavras "fudiona" e "treparina" ("fudiona" é mulher que fode, "treparina" é mulher que trepa, homem que fode é "fudião" e, se trepa, é "treparino" — quem chupa é "chuparino/a"). E ríamos.

No ano seguinte, quando saiu o livro *Algaravias*, as conversações telefônicas já tendo se tornado escassas, o poeta me contou, rindo, que sua mulher, Marta, a quem o poema é dedicado, obrigara-o a retirar as palavras "fudiona" e "treparina" da sequência em que a Rainha do Mar é saudada pelo que tem de mais livre e ousado: "mãe sexualizada/ mãe gozoza/ mãe incestuosa". Uma pena para quem, como eu, teve a alegria de incorporar essas lindas palavras ao seu próprio vocabulário amoroso.

Sabença

Diferentemente do que diz o ditado, respeito o diabo pelo que ele tem não de velho, mas sim de sábio. A velhice, afinal, não representa a compulsória aquisição, "por tempo de serviço", da sabedoria. Esse bem tão raro, que me apraz chamar de sabença, pode se dar a ver e ouvir mesmo numa criança, como um solo fértil a ser cultivado com vagar e amor — por ela própria e por ninguém mais —, vicejando numa espécie de jardim íntimo. E pode jamais se manifestar em alguém que, do alto de suas muitas décadas de permanência na Terra, apenas se deixou arrastar pela vida, contando os anos e as perdas, com medo de tudo, a começar de si mesmo, em lugar de viver efetivamente o irrepetível presente. Por isso gosto tanto do convívio com as pessoas mais jovens — das três graças que me escolheram para ser seu pai àquelas que encontro, por exemplo, num dos meus cursos e oficinas, ou depois de uma performance, e que talvez eu jamais volte a ver. Gosto de ouvi-las falar, mesmo que com insegurança, sobre como percebem a vida e o mundo. Volto para a minha rotina sem rotina, quase sempre, depois de tais prosas, com a álacre sensação de que ainda tenho muito o que aprender em matéria de ser e estar por aqui.

Sem salvação

Uma vez eu refutei vigorosamente, em um evento público, a hipótese de ter sido salvo pela literatura — imagem que muito satisfaz a quem lê a minha biografia de escritor como uma história de "superação", e mais nada. Como tais leituras ainda persistem, e é preciso tentar levar adiante a reflexão, tomo de empréstimo um trecho das *Cartas a Spinoza*, que a psiquiatra-pensadora Nise da Silveira escreveu ao seu amado filósofo, entre 1989 e os primeiros anos da década de 1990: "[Por volta de 1920] seu Livro maior — a *Ética* — chegou às minhas mãos, numa pequena cidade do nordeste do Brasil, chamada Maceió. Parece incrível. Eu estava vivendo um período de muito sofrimento e contradições. Logo às primeiras páginas, fui atingida. As dez mil coisas que me inquietavam dissiparam-se quase totalmente, enfraquecendo-se a importância que eu lhes atribuía. Outros valores impunham-se agora. Continuei sofrendo, mas de uma maneira diferente".

A literatura tem sido para mim, desde a adolescência, o que o pensamento de Spinoza foi para essa mulher nordestina, brasileira, de alma aberta e capaz de finas percepções do semelhante, da vida e do mundo. Explico-me, até para que não se apressem em me chamar de pretensioso por me comparar a pessoa tão imensa: poder escrever, sem sofrer qualquer tipo de interdição, era como que receber uma senha para estabelecer com o real um outro tipo de vínculo. Não me interessava a ideia da poesia como uma possibilidade de falar de mim, das minhas agruras juvenis, mas a poesia mesmo — esse escavar o ar, contra o céu, que só fala, todo o tempo, do ato de, contra o céu, escavar o ar.

    A partir dali, se nenhum problema desapareceu, se a dor no olho direito continuou a ser "uma dor canalha" (para lembrar a música de Walter Franco que eu tanto ouvia à época, às vezes, junto com Íris — que, para me animar, cantava junto comigo, enquanto improvisávamos impagáveis, ridículas, magistrais coreografias), eu passei, no entanto, a dispor de um poderoso meio de relativizar o peso do real sobre a minha vida de adolescente pobre, negro e gravemente enfermo. "Continuei sofrendo, mas de uma maneira diferente." Em outras palavras, jamais vi como salvífico esse momento em que, intuitivamente, elaborei e me impus, com o rigor dos virginianos, um lento trabalho diário de busca por autoconhecimento, tendo como bases a leitura e o exercício da escrita. Com efeito, não era a ideia de salvação que me interessava, ali. Salvar-me, ver-me e estar de fato a salvo, tornara-se uma meta impossível, para quem, então, já não "pegava com santa Luzia" para deixar de sentir dores, e sim para senti-las mais espaçadamente.

    Livre da expectativa de uma salvação em relação àquele problema específico, tornei-me livre, também, aos poucos, da ideia de salvação em qualquer das acepções possíveis. A vida é aqui e agora. Vivo no presente. Ponto. A vida é difícil, o mundo parece inviável. Ponto. Como resolver isso e isto, dentro das condições existentes? Qual é o problema real a ser confrontado? De que falsas questões preciso me livrar para fazer o que precisa ser feito, em vez de gastar tempo com lamúrias, culpas e medos? Quais são os valores que se impõem, agora, para ecoar, ainda, os termos do encontro de Nise da Silveira com Spinoza?

    Nada disso sequer resvala pela ideia de salvação. Passa, isto sim, por uma certa concepção de esperança — como um exercício da vontade, que funda a imaginação criadora, e do intelecto. Vontade de transformação — de mim mesmo e do mundo, a ser materializada, na melhor das hipóteses, em um programa de vida nítido o bastante para ser compartilhado, problematizado, aprimorado e somado ao de outras pessoas com quem eu porventura conviva. Nada além. Nada menos do que isso.

Um homem sem geração

Cheguei tarde demais para a farra da alabastrina geração de rapazes e moças da classe média que se definiram como "marginais", o que me fez ficar sem turma por um longo tempo. Eu era aquele que queria discutir tradução semiótica, e não havia com quem. Pior. Eu era o garoto negro que começava a se interessar por cultura africana, assunto que só parecia dizer respeito a militantes do movimento negro — a maioria, à época, encastelada em suas certezas — e a ninguém mais. Eu queria misturar as linguagens, e o máximo que se fazia, na absurdamente provinciana Belo Horizonte da época em que comecei a circular por outras regiões da cidade que não a Zona Norte, era entremear leituras ao vivo com projeção de slides, alguma música pré-gravada ou criada em tempo real por um músico. Nada que tensionasse o poema, a poesia, a vida, o mundo.

Em resumo, nada diferia daquela persistente pasmaceira mineira que o escritor Ivan Ângelo já havia apontado numa crônica datada de 27 de abril de 1960, intitulada "Começam a dispersar-se os artistas da nova geração", publicada no jornal *Diário da Tarde*, da qual reproduzo este longo trecho, dada a imutabilidade da vida cultural em Velhorizonte: "Há na província uma reação invisível contra a atividade intelectual, algo que vai aos poucos roendo os sonhos do artista. A província não opõe nada ao ato criador, não há um choque, uma guerra, um combate honesto. [...] O artista na província é uma figura quixotesca pronta para a luta, mas encontra o campo vazio. [...] Pode fazer o que quiser, provocar ou acomodar-se, ninguém nota. Ou, se nota, é migalha demasiado insignificante para sua fome de realização".

Uma conversa com alguém de muito longe

Querida N., como está você?
Demorei mais do que imaginava a encontrar um tempo para responder com calma as suas tão bem elaboradas perguntas. Sei que você compreenderá a minha demora, porque vivemos no mesmo planeta, nesta época em que tudo rescende a medo e incertezas.
Você me pergunta sobre as línguas que fazem parte do meu repertório poético ("espanhol, língua dos ancestrais, francês, língua dos pássaros?"). O espanhol, sim, e também o francês — que leio, mas não falo nem escrevo, o mesmo valendo para o inglês, o alemão e o italiano, para ficar só nas línguas hegemônicas.
A bem da verdade, não domino nem o castelhano. Para ser absolutamente franco, mesmo o português que eu pratico tem algo de muito peculiar, de talvez excessivamente livre, como observou, na Alemanha, a poeta Barbara Köhler, com quem trabalhei, num laboratório de tradução patrocinado pelo Festival de Poesia de Berlim, em 2012. Tenho uma relação musical, digamos assim, com os idiomas. Musical e afetiva. Se gosto de um poeta, faço todo o possível para me aproximar de sua língua original: cerco-me de dicionários, procuro ouvir suas leituras em voz alta, peço ajuda a quem de fato conhece aquele idioma. Não tenho nenhuma pretensão quanto a exercer a atividade de tradutor. Digo-lhe inclusive que o meu interesse reside menos no "conteúdo" dos poemas do que no intrincado jogo que se estabelece, em qualquer língua, entre "o que" e "o como".

Na minha concepção, poesia é sempre língua estrangeira. Nesse sentido, muito me vale o ouvido receptivo tanto às línguas dos ancestrais (que não tenho como definir com precisão quais seriam) quanto às línguas dos pássaros, dos calangos que passeiam pelo meu quintal, dos cães, dos gatos, das onças, das serpentes, das ruas, das casas, das nuvens e as das coisas todas que se espalham pelo mundo.

Você me pergunta também como nasce o ritmo na minha poesia. Se vem de uma música, da lembrança de uma canção ou "das palavras mesmas". Quer, ainda, que eu fale sobre a importância de Milton Nascimento na minha vida de poeta.

Sobre o ritmo, me agrada pensar que ele está sempre "por aí", que eu não o procuro, antes, o encontro e decido o que fazer com ele. Começo a criar algo sem saber para onde aquilo se encaminha. O ponto de partida, muitas vezes, no caso específico das performances, é uma sequência sonora, assimétrica e descontínua, que vou incorporando (literalmente, trago-a para o corpo), até que começam a surgir pequenas células, novos padrões rítmicos e timbrísticos aos quais adiciono outros elementos (gestos, evoluções corporais em diferentes velocidades, giros em torno do meu próprio eixo, quedas abruptas) ou apenas lido com eles como são, sem intenção de transformá-los. Me lembro, bem neste instante, da resposta que dei, numa entrevista de 2008, a uma pergunta do poeta e ensaísta Carlos Augusto Lima que tem alguma relação com a questão colocada por você: "Quanto ao meu processo de criação, é totalmente aberto e indisciplinado. Posso partir de um som indefinido ou de uma nota musical, de uma cor, de uma letra, uma palavra, uma fotografia. Minha meta, no mais das vezes, é criar uma obra tão aberta que eu possa fazer com que os elementos que a compõem transitem por outros códigos, traduzindo-se em novos códigos. Poucos são os casos de trabalhos meus em que não tentei, pelo menos, fazer com eles alguma outra coisa".

A respeito de Milton Nascimento, só posso dizer que é um dos meus grandes amores na vida. De outros e outras artistas eu recebi, direta ou indiretamente, os mais diferentes estímulos para definir o meu modo pessoal de fazer arte, mas a ligação com Milton é de outra ordem. Tentei falar do fascínio que tenho por ele num poema publicado no livro *Antiboi*, de 2017:

Música mesmo

música
música mesmo
é milton
quem faz

só com
o som
que sai
da sua boca
ele toca
o oco
da vida
por dentro

do centro
da terra
até o breu
do céu
sem deus
que pesa
imenso
sobre nós

como se apenas
"palmilhasse
vagamente"
as estradas
deste mundo
com a voz

Performance no Cabaret Voltaire, em Zurique, 2017.
Tantos anos depois eu ainda acho que sonhei essa apresentação
no solo sagrado do baixo modernismo de Dadá.

Para finalizar, vou ligar sua pergunta sobre dança — se no momento da performance eu penso que estou dançando — à seguinte, sobre se percebo ou não as minhas performances como rituais. Não, não penso que danço. Apenas danço. Ou não danço. Também não penso que estou cantando ou entoando um poema. Apenas canto ou entoo. Não penso em nada, a rigor, enquanto performo. Faço o que faço, como faço, e isso, que é tudo o que acontece naquele lugar e naquele momento, me projeta, sim, numa dimensão espaçotemporal ampliada, que não hesito em aproximar do rito. Não de um rito específico, ligado a esta ou aquela religião, mas de uma noção ampla e atemporal de rito — quem sabe, os de alguma cultura que ainda nem existe? Não sei.

Sobre os jardins flutuantes de Mr. Taylor

Pouca coisa eu vi e ouvi, no âmbito da poesia em situação de performance, que me interessasse tanto quanto as estupendas realizações do músico, compositor e poeta estadunidense Cecil Taylor (1929-2018). A primeira de uma série infindável de surpresas que tive: o Taylor poeta e performer não toca, pelo menos nos trabalhos a que tive acesso, o instrumento que fez sua fama, o piano. Taylor "cantofala" (com o corpo todo, o que dá a ver sua conhecida ligação com a dança), lançando mão, a intervalos, de algum breve efeito percussivo ou de sutis alterações timbrísticas da voz com que entoa — por vezes, como um xamã — palavras ou fragmentos de versos sustentados por uma notável destreza rítmica. Seu disco *Chinampas*, de 1987, é daquelas obras que fascinam por situarem-se num limite bastante tênue entre gêneros artísticos. Muito do que faço no palco desde meados da década passada surgiu do minucioso estudo que fiz das pequenas joias de sensibilidade, elegância, humor, inteligência e espírito verdadeiramente livre produzidas por esse grande artista nosso contemporâneo. Em tempo: "chinampas", palavra mexicana, significa "jardins flutuantes".

CDA

Guardo na caixa o disco do velho poeta, morto há tantos anos, e penso no ato de extrema coragem que é alguém abrir-se à violência da escuta de uma leitura em voz alta. Porque, ao escutar esse sempre outro que faz do nosso espaço acústico um território ocupado, é preciso reescrever mentalmente, isto é, fazer os olhos verem o que, mesmo na suposta paz da página impressa, já tendia à fuga, à desaparição, ao apagamento de qualquer possível traço de sua presença num aqui e agora irrepetível.

No Lucas

Certa vez, só lembro que foi alguns meses antes da pandemia, eu me sentei a minha mesa favorita, na parte de cima da Cantina do Lucas, que chamo de "meu escritório fora de casa" quando desço para a cidade. Costumo chegar por volta do meio-dia, e logo disponho sobre as mesas o caderno de notas, as canetas, o celular, dois ou cinco livros, conforme o tamanho da bolsa que escolho para acondicionar toda a tralha de que necessitarei para a jornada de escrita tarde adentro.

O Lucas, encravado no térreo do edifício Arcângelo Maletta, não é só uma extensão do meu escritório. Com o tempo, tornou-se, também, o lugar onde combino encontros com pessoas amigas que há muito não vejo, ou com gente de fora que, de passagem por Belo Horizonte, deseja me conhecer. Natália, meu amor, é outra com quem me agrada estar nesse cantinho bom da cidade que me viu nascer. Gosto da comida, do fato de os garçons me tratarem pelo nome e de me perguntarem, assim que chego e me instalo, se vou pedir o de sempre para beber.

Minhas filhas também gostam de lá. Iná, a mais velha, e Flora. O Ravi, quando vem do interior para passar alguns dias comigo, também gosta do lugar. As meninas sabem, desde pequenas, que em algum momento da conversa alguém passará na frente da cantina e entrará para um abraço e uma prosa rápida, amena, sem querer "incomodar". Elas dizem que se divertem com a situação. Porque há, como não?, os inconvenientes, aqueles que vão ficando, sem se dar conta de que, por mais incrível que pareça, estão livres para seguir tranquilos o seu rumo, e que, se o fizerem, estaremos bem, ali, só a nossa feliz pequena tribo e mais ninguém.

Mas eu comecei a falar foi de outro assunto. Num desses dias em que eu estava sozinho, às voltas com a muito lenta, quase penosa evolução de um texto para uma exposição de artes visuais, apareceu um amigo poeta, que aceitou o convite para um trago sem exemplo. O convite era sincero, apesar da aflição com o trabalho. Eu queria mesmo saber como ele estava, falar um pouco sobre mim, porém, era certo que eu também esperava que a visão da mesa atulhada de livros e papéis já dissesse, por si, que o escritório estava em pleno funcionamento. Aconteceu o contrário. Ao se inteirar de como andava a minha vida profissional, dividida, como sempre, entre um sem-número de atividades, o amigo não conteve na boca a frase inequivocamente mineira, isto é, tão ressentida: "Você sabe vender o seu peixe".

O sujeito prosseguiu, ante a muda prostração em que sua frase me deixou: "O fulano também acha isso. Que você vende bem o seu peixe. Eu disse pra ele que queria saber vender o meu peixe como você". Disparou, por fim: "Aliás, falei sobre isso até com o meu analista". Aquilo já era demais. Consegui engolir a resposta que primeiro me ocorreu e encarei o sujeito com fingida expressão de desalento. Em silêncio. Ele entendeu o recado e se foi. Retornei ao trabalho. Obviamente, sem a concentração necessária para fazer o que precisava ser feito. Lembrei-me da reflexão da romancista Toni Morrison acerca da verdadeira função do racismo — provocar em nós, pessoas negras, a *distração* que nos impedirá de levar adiante o nosso trabalho — e, por tabela, das incontáveis vezes em que tive a atenção desviada para questões secundárias, justo quando eu me encontrava em momentos decisivos da minha vida.

De novo sozinho na mesa, pedi a comida e firmei um pacto comigo mesmo: daquela tarde em diante, nenhuma pessoa branca voltaria a me tirar do foco, com provocações rasteiras ("Ouvi dizer que você, no seu tempo de pegador, não deixava escapar nem mulher casada"), golpes traiçoeiros, fofocas, solicitações absurdas ou perguntas ("Nas viagens para o exterior você vai com tudo pago?") que têm como único propósito me tirar do sério, com a finalidade de confirmar o quanto eu seria refratário ao convívio *interpares*, avesso ao diálogo ou simplesmente um cara "brigão". Como escrevi na letra de um samba à la Geraldo Filme que comecei a compor assim que entrei no meu cafofo, de volta da rua, peguei o violão e soltei a voz com muito gosto: "É de pura paz, ou quase,/ este meu novo momento./ Quem tentar brigar comigo/ vai dar soco na cara/ do vento". Tem dado certo.

Primeira vez na escola

Olho demoradamente a foto do meu primeiro dia de aula, no Grupo Escolar Dom Pedro II, e não consigo fisgar nada do que atravessa o meu olhar. Nada. Parece que estou tranquilo — talvez, porque com o pensamento longe dali daquele lugar cinzento. Ali é que não estou, inteiro. Nem a sombra do que eu era estava lá. Não mesmo.

Para piorar, na volta para casa, de mãos dadas com Américo, passamos por um grande contingente de soldados do Exército, que batiam sem dó nem piedade num pequeno grupo de estudantes que protestavam contra a ditadura e que tentaram, sem sucesso, se esconder dentro da pequena igreja que fica à esquerda da escola.

Américo ainda buscou distrair minha atenção, me mostrando uma ninharia qualquer na direção oposta à da inesperada cena de violência num adro de igreja. Eu, que gostava muito de ver os desfiles de Sete de Setembro, nunca teria imaginado que aqueles soldados que eu tanto admirava, a ponto de querer ser um deles quando crescesse, seriam capazes de fazer sangue jorrar dos rostos de jovens que deviam ter a mesma pouca idade que o meu primo Raimundo e as minhas primas Maria, Terezinha e Efigênia tinham à época.

No trajeto para casa, Américo se manteve quase todo o tempo em silêncio. Perguntei a ele o que será que os rapazes fizeram para apanhar tanto, e ele só murmurou algo que a muito custo eu entendi como "rezando é que eles não estavam". Para dizer a verdade, só entendi que era isso o que meu pai tinha dito muitos anos depois, eu já no segundo grau. Numa conversa com um dos meus tios, na mesa do almoço de um domingo, Américo disse outra vez a frase, dessa vez com a convicção que lhe faltara no dia da violência dos soldados contra os estudantes.

Parecia até que era um recado para mim. Que eu tratasse de estudar com afinco, como a Fatima, com a sua trajetória escolar brilhante — nunca tomou bomba, nem mesmo nunca ficou de recuperação —, e aproveitasse a oportunidade de conseguir na vida o que nem ele nem a mamãe conseguiram. Falou sem olhar na direção onde eu estava sentado. Sua fala, acho, era para ninguém, ou era, talvez, para ele mesmo. Havia em sua expressão uma raiva, um laivo de ressentimento, uma mágoa malcontida não necessariamente contra "esses jovens que em lugar de estudar preferem fazer baderna", e que "depois reclamam quando a polícia aparece e faz o que é a função dela", se bem me recordo.

Eu tentava compreender, não sem esforço, a cabeça daquele homem que tinha idade para ser meu avô, e que também, isto era muito visível, se empenhava para acompanhar as novidades que a mana e eu levávamos para casa — a estridência do pop e do rock, a música experimental, a poesia de vanguarda, as conversas sobre questões de comportamento. Américo não era nem de longe aquilo que certa esquerda chama, hoje, com desprezo, de "pobre de direita". Dizia-se um getulista. Sua gratidão a Vargas era infinita, e acabava aí o seu interesse por qualquer conversa que se aproximasse de um debate político.

Ele parecia acreditar que a ditadura era ruim, não exatamente porque prendia, torturava, matava os seus opositores, praticava corrupção ativa e passiva, desmatava a Amazônia, dizimava as nações indígenas e consolidava o projeto genocida do Estado brasileiro, mas porque, "como todo governo", prometia aos pobres mais do que dava de fato. Ele e eu evitávamos os temas com potencial para o acirramento de ânimos, o que me fez aprender, com o passar do tempo, a esconder livros, revistas, jornais e discos que poderiam provocar atritos na nossa, de resto, muito tranquila relação. Tanto que aceitou serenamente a sugestão que lhe fiz de votar na chapa Lula/ José Alencar, em 2001. Ao voltar para casa, depois de votar, me disse, sorrindo, que "Lula parece que gosta do povo e será um bom presidente".

Já perto da morte dele, alguns anos antes, conversamos muito sobre a sua história de vida. Dessas conversas, as que mais me tocam são as que tratam da vinda dele para Belo Horizonte, em 1924, para fazer pequenos serviços "numa casa de família", em troca de comida, roupas e estudo. Até hoje me enternece a imagem daquele meninote de treze anos se despedindo da mãe, que morreria naquele mesmo ano — sem supor que sua morte desobrigaria seus "amigos" de propiciar a Américo a tão sonhada continuação dos estudos. "Quando a minha mãe morreu eu deixei de ser o garoto inteligente e promissor que eles diziam que eu era e passei a ser só o negrinho cheio de tarefas para cumprir desde a hora em que acordava. Esse inferno só teve fim porque meu pai resolveu me levar de volta para casa assim que tomou conhecimento de como eu estava sendo tratado."

Américo não teve outras chances de estudar. Só conseguiu completar o primário, já com dezessete anos, um ano depois de ter calçado um par de sapatos pela primeira vez. Mesmo assim, tornou-se um cinéfilo tão respeitável que, pela casa dos trinta anos, chegaria a fazer promessas à padroeira de Nova Lima, Nossa Senhora da Conceição, para se ver livre "do vício do cinema". Leu muito, também, sobretudo romances. Já com mais de sessenta, começou a escrever poemas e histórias para crianças — que ele mesmo datilografava, mandava copiar em xerox e distribuía e colocava nas caixas de correio das casas vizinhas, em ocasiões como Natal, Dia das Mães e outras datas festivas. Era o "lado griot" do meu pai. Muita gente do Campo Alegre me para na rua, quando me vê passar, só para dizer que tem em casa muitos poemas feitos por ele. Há mesmo quem diz que se eu for tão bom no que faço quanto ele foi no que fez, estou feito.

Íris teria percebido

Um apagão. Apagão mental, sabe? Nenhum pensamento, nada na cabeça por um breve tempo que, no entanto, parece interminável. Dura segundos, não mais que um minuto e pouco. Pode acontecer enquanto converso com alguém, atravesso a rua ou preparo o almoço. Mal me recordo do meu nome em tais momentos. Por muitos anos eu escondi de todo mundo, inclusive, já adolescente, do meu pai e da minha mãe, esses episódios de total supressão de qualquer pensamento articulado — que já me ocorriam na infância. Pode ser desesperador. Uma vez, em São Paulo, há mais ou menos cinco anos, eu tive que me apoiar numa vitrine de loja até passar o apagão. As pessoas parecem andar mais rápido quando isso acontece. Os carros também. O coração bate acelerado e eu, entregue ao pleno vazio, sinto que não estou ali onde estou. Que não sou eu.

Um dia eu conversei a respeito dos apagões com a psicóloga que me atendeu, por mais ou menos seis meses, até o final do ano passado. Ela me disse que o apagão era uma resposta da minha mente ao volume excessivo de trabalho artístico e intelectual. Fez sentido para mim essa explicação. Pelo menos, em termos, já que é fato que, desde que me iniciei na arte, me acostumei a trabalhar todo o tempo, da alvorada até o momento de me recolher para dormir — isso quando eu me rendia ao sono e dormitava por algumas poucas horas. Mas e o menino? Como explicar a espécie de idiotia que se apossava de mim naquele tempo de cabeça ocupada com quase nada?

Já seria a insinuação da presença, no meu orí, da "doce idiotia da poesia" (Augusto de Campos)?

Não sei, já não tenho como saber, será? Posso, quando muito, se quiser mitologizar essa questão, recorrer ao poema "Cogitatio", do livro *Modelos vivos*, que escrevi sem pensar nos apagões ("Quanta poesia fiz/ enquanto não fazia/ tanta poesia"), mas seria forçar demais a barra. Eu era menino, só isso. Ser menino é que fazia de mim um poeta — experimental, como aquele do livro de Murilo Mendes e como toda criança antes de entrar para a escola. Como já declarei inúmeras vezes, em entrevistas, quase nada do que vivi na infância fazia supor em mim um futuro poeta. Íris teria percebido. Américo, que só depois dos sessenta anos começou a escrever poemas, também teria notado qualquer coisa de diferente no jeito de ser do seu caçula.

De algum tempo para cá, passei a atentar para o que acontece comigo nos instantes imediatamente posteriores aos apagões. Me dei conta de que, no mais das vezes, sou possuído por uma força criadora tão grande que dou início a diversos projetos ao mesmo tempo. Os momentos de "pós-apagão" são doces, porque muito férteis! Porque tudo se torna perfeitamente possível e realizável. Volto a pensar que sei quem sou, e isso é toda uma luz que esplende dentro e fora de mim.

Íris, Américo e Fatima. Eu só entraria na história cerca de um ano depois.

Gostei do jogo

"Quem não ousa não goza", eu li na camiseta que a menina deusa usava sob uma jaqueta azul, quando passou por mim, num final de tarde frio e sem rumo de 1981, perto do Mercado das Flores. Fui atrás dela sem pensar, andando o mais lentamente que podia. Talvez quisesse perdê-la de vista, mas não funcionou, porque ela se recusava a sair do meu reduzido campo de visão. Quando a alcancei, três quarteirões adiante, ela parada na banca de jornais para ler as manchetes, disparei a pergunta, com uma desenvoltura de que não me julgava capaz: "Isso é seu? O verso, eu digo".

Respondeu com visível e audível má vontade, sem se dar ao trabalho de interromper a leitura: "Não é um verso. É meu lema". A voz, muito rouca, e a linda juba black me ajudaram a editar, na cabeça, os escassos elementos de uma historieta banal, quase idiota, transformando-a num enorme desafio que, agora, ali, eu precisava enfrentar, ainda que sem saber por qual motivo. Eu também tinha deixado crescer o cabelo no ano anterior, quando trabalhei como recenseador do IBGE.

Voltei a me achar tão bonito quanto me achava na infância e nos tempos do colégio, quando as meninas que também estudavam no Imaco, todas brancas, diziam que eu era o único carinha em quem elas confiavam "absolutamente", e que por isso preferiam não ter nada "de sério" comigo.

Insisti, com um sorriso de canto de boca que surtiu algum efeito: "Posso ver você de novo?".

Elazinha, cobrindo a frase com a jaqueta jeans, já cara a cara comigo, disse com uma surpreendente entonação infantil, irônica, que se adequava com perfeição àquele jeito de olhar direto nos olhos que eu nunca tinha visto antes em mulher nenhuma: "Sumiu, não tem mais".

Só me diz, então, se a frase é sua.

Eu sou minha, entendeu? E basta.

Entendi, claro.

Entendeu foi nada. Mas tenho certeza de que com o tempo acaba entendendo. Topa dividir uma cerveja?

Foi a primeira cerveja que tomei na vida. E a minha primeira transa. Que não rolou naquela noite. Ter superado o medo de puxar assunto com uma garota já representava muito para mim naqueles dias em que as dores no olho haviam se tornado menos frequentes. Ana era o nome da garota. Estudante de Ciências Sociais na PUC. Do primeiro período. Um ano mais velha do que eu. Nos víamos quando ela queria. Sempre nas imediações do Mercado das Flores.

Nada de trocar telefones, certo? Eu te acho quando quiser te ver.

Me achava mesmo.

Gostei do jogo. Que não era bem um jogo. Era algo que eu não tinha vivido, até então, com nenhuma garota. Não era amor, nem paixão, nem só a vontade de trepar de vez em quando o que nos aproximava. Me lembro, agora, enquanto escrevo, de um trecho do livro *Saindo da sarjeta: A autobiografia de Charles Mingus*, traduzido por Roberto Muggiati: "Nunca me dei conta de que havia tantos lugares para ir e, no entanto, tão poucos onde parar e descansar. Sabem o que quero dizer. Aqui estão um homem e uma mulher com algo que os une, talvez não amor, mas uma coisa profunda que faz cada um tentar se agarrar à sua compreensão do outro, de modo a construir uma amizade perfeita".

Ao longo de quase um ano, tempo em que nos vimos sempre que ela quis me encontrar, entregue aos bordejos pelas ruas do centro de Belo Horizomte, conversamos sobre tudo que nos parecesse um bom assunto: o racismo, o movimento negro, o feminismo, a contracultura, a psicanálise, a poesia de vanguarda, os sambas de Candeia, a música de Milton Nascimento e seus parceiros do Clube da Esquina, o cinema russo e o escambau. Tínhamos uma coisa com a cidade. Não com Belo Horizonte, necessariamente. Com o lance urbano, esse tema que hoje perpassa toda a minha obra artística. Poemas como "Cine-olho", "Labirinto, "Máquina zero", "Não totalmente francesa" e muitos outros que caíram no agrado do povo surgiram do fascínio que cultivo pelo espaço urbano de qualquer cidade por onde passo.

Tudo isso tem a ver com aquela Ana de quem nunca mais tive notícia. Ela tirava onda comigo por causa do meu jeito de andar. Dizia, só de sacanagem, que eu rebolava ao caminhar, e essa observação, longe de me inibir, me deixou à vontade para curtir o meu corpo sem medo e sem o peso das culpas que tanto adoecem a triste, cabisbaixa e ensimesmada gente montanhesa.

Naquele 1981, conhecer a Ana foi tão importante quanto ter me enchido de coragem para, durante um encontro promovido pelo Movimento Negro Unificado (MNU), chegar perto de outra mulher linda e com porte e postura de rainha e perguntar se podia falar com ela um instante: "Com licença. Meu nome é Ricardo, eu sou poeta e gostaria de conversar com a senhora um pouco. Pode ser?".

Lélia Gonzalez, era esse o nome da dama, abriu um sorriso enorme e me convidou para sentar perto dela. Conversamos por cerca de vinte minutos. Achei curioso que ninguém interrompesse a nossa conversa, uma vez que Lélia já era presença constante na mídia e eu era só um garoto que, ainda pouco versado no tema da questão racial, pescou no rádio uma notícia sobre a realização do tal encontro e, assim, pôde beber sem pressa cada frase dita pela grande intelectual e militante negra, hoje reconhecida e celebrada, em todo o mundo, como uma das pioneiras do pensamento feminista negro.

Perigoportunidade

Minha apresentação em Madri, dentro da programação do festival 2011 Poetas por km², foi precedida pela do poeta e performer português Fernando Aguiar. Conhecemo-nos em Diamantina, em 2006, quando participamos do Festival de Inverno da UFMG. Não nos tornamos amigos ao longo desse tempo, mas fiquei contente ao revê-lo. Conversamos brevemente sobre issos e aquilos — aí incluída a ordem das nossas apresentações no palco: cada um pensava que seria o primeiro a performar.

Em geral, tal questão só me ocupa a cabeça por exigir diferentes tipos de resposta a problemas de ordem técnica, uma vez que, em termos estéticos, e mesmo quanto às solicitações do ego, pouco se me dá saber quem vem antes ou depois de mim. Apesar de, assumidamente, preferir as situações em que performarei num espaço em que não haverá nenhuma outra apresentação — nem antes nem depois, para evitar a nefasta correria —, vi como um saudável desafio a necessidade de montar e desmontar tudo em escassos minutos (dez em média, para cada etapa).

Eu estava tranquilo também porque já havia tido alguns contatos — por escrito e presencialmente, assim que cheguei a Madri — com o coordenador técnico do festival, Jorge Alvarez, que me permitiu fazer uma excelente *"prueba de sonidos"*, vídeo e luz. Me tranquilizava, também, o fato de eu ter alterado bastante o roteiro da performance, no quarto do hotel, devido à impossibilidade de renderizar a tempo os novos vídeos em que vim trabalhando nas semanas que precederam a viagem, os quais apresentavam as versões de poemas meus vertidos para o espanhol por Adolfo Montejo Navas, Cristian de Nápoli, Fernando Pérez e Teresa Arijón, o que me levou à decisão de usar os dois projetores que solicitei à produção do evento para mostrar fragmentos de trabalhos em videoarte que criei para utilização em performances já apresentadas em outras ocasiões.

Detesto admitir que fui capaz de erro tão primário, mas por já ter visto Fernando Aguiar em cena eu deveria ter perguntado a ele — que de fato me precederia no palco — se constaria de seu roteiro a série de "sonetos-ações" que o vi executar em Diamantina. Foi, assim, com total surpresa, já no limite com a estupefação, que vi o performer português quebrar copos de cristal e pratos de louça no mesmo palco em que, daí a poucos minutos, eu teria que performar.

Do roteiro que concebi inicialmente fazia parte uma longa e lenta sequência de movimentos com o poemanto. No chão. Cair, rolar de um lado a outro, passar em passos diminutos à frente dos projetores, tornar a cair e a rolar pelo chão, girar sobre meu próprio eixo e de novo cair e rolar e me levantar e voltar a cair o quanto me desse na veneta.

Algumas pessoas que acompanhavam junto comigo o desenrolar da situação ficaram tensas com o que víamos acontecer no palco, antevendo o desastre que se desenhava. Foi como que um sinal para que eu lançasse mão de uma calma que fica guardada, dentro de mim, para ser usada em momentos como aquele. Esperei que limpassem o chão do palco, enquanto reorganizava, dentro da cabeça, o passo a passo da performance, e entrei em cena com o espírito em paz e o corpo muito leve.

Consegui a proeza de performar sem pensar nem por um segundo nos riscos que eu corria. Ao final, os cumprimentos efusivos da equipe de produção somaram-se aos aplausos do público, que duraram um longo tempo. Eu apenas sustentava o riso abestalhado que se forma na minha boca sempre que me dou conta dos perigos a que me expus durante uma performance, e saí do palco.

Já no hotel, de madrugada, tentei me recordar de cada momento da apresentação, contente por não ter me machucado, ou melhor, por não ter nem mesmo aberto no coração e na mente espaço para sentir medo. Naquele memorável 22 de outubro de 2011, o que fiz foi juntar ao "saber fazer" o "saber ser" — demanda dupla que, no dizer de Paul Zumthor, define o aqui agora irrepetível da arte da performance.

Íris

Engraçado isso do modo como a gente se refere às pessoas. Eu sempre chamei Íris de mãe, mas converso com minha irmã e nos referimos à mamãe. Nunca dizemos nossa mãe, jamais minha mãe. Não consegui, na verdade, nem mesmo tentei chamá-la de você. E olhe que nós éramos muito camaradas. Ela, folgazã, me ajudou a me tornar menos virginiano, com tendência a ser, como Américo, do tipo reflexivo, quase fechado. Dançávamos e cantávamos muito, mais até do que conversávamos. Ríamos — como ríamos, ela e eu. De tudo e de nada. Até perto dela morrer, em 2009, eu me sentava em seu colo. E a beijação sem fim? E os (auto)elogios? Você me puxou nisso, meu filho.

Há tempos, comecei um trabalho novo, inspirado pelo pequeno e singelo acervo que juntei para recordar minha mãe: sua voz gravada, fotos de diversas épocas, o vídeo de uma conversa dela com Américo e com o meu saudoso amigo José Maria Cançado, escritor e jornalista, e o caderno em que ela conta sua história desde os avós maternos e paternos até o meu nascimento. Ainda não consegui fazer nada de muito interessante com esse material. Não tenho pressa, sei que na hora certa farei o que precisa ser feito.

"A corda arrebenta sempre do lado mais fraco" era um dos bordões terríveis com que, volta e meia, minha mãe me falava sobre a vida, o viver. Me lembro dela a disparar seu extenso rol de frases (re)feitas (com destaque para os truísmos) em vários momentos do dia a dia, em meio às tarefas da casa e às canções do passado que não cessava, todo o tempo, de entoar.

Conhecendo-a como jamais conhecerei qualquer outra pessoa, não demorei muito a compreender que o terrível daquela frase não estava em seu aparente conformismo. Terrível era a sutil observação de que a força, para Íris, era não um atributo do qual já nascemos dotados — uma marca de origem, um patrimônio —, mas, antes, o resultado de um lento, meditado e, não raro, violento processo de elaboração interna.

Terrível, sim: porque implica de pronto suspender a lamúria contra a vida e o mundo e fazer o que precisa ser feito para não ser tragado nem pela vida nem pelo mundo. E isso, tal gesto, demanda coragem e fé no próprio veneno (*"Nous avons foi au poison"*, Rimbaud diria, em outro contexto). Dito de modo diferente: se "o lado mais fraco", Íris parecia saber, não está predeterminado, tampouco "o mais forte" está. Seu valor será relacional, como o das peças do jogo de xadrez em seu deslocamento pelo tabuleiro. Ou como cada parte do corpo de quem joga capoeira, empenhada em construir, no espaçotempo do jogo, as condições do encontro com o outro.

Curioso eu nunca ter feito a minha mãe a pergunta que hoje, tantos anos depois de sua partida, me parece ser a mais essencial de todas, a única que de fato interessa quando se quer saber algo sobre a vida de alguém: Menina, quem foi tua mestra?

Saído da escola

Já faz alguns anos que deixei de me referir à minha formação artística e intelectual como "autodidata". Não é. Não sou um autodidata porque, como conto em várias passagens deste livro, recebi em casa uma formação inicial bastante sólida nas quatro tecnologias que meu pai e minha mãe dominavam (a escrita, a leitura, a inter-relação dos códigos e a escuta), e porque li detidamente, junto com minha irmã, ou sozinho, a maior parte da bibliografia usada por ela em sua graduação em Letras, cursada na UFMG, na década de 1970.

Passei a refutar esse termo, também, porque percebi que ele é, na maioria das vezes, usado para definir as pessoas negras e de origem pobre que se dedicam às artes e a atividades que demandariam sólida formação universitária. Reparem que não se fala do "autodidatismo" de um João Cabral, de um Ferreira Gullar ou de um Affonso Ávila, como se neles a inteligência e o talento fossem como que atributos "naturais", inerentes à sua condição de homens brancos.

Querem outros exemplos? Augusto de Campos é formado em direito, não cursou faculdade de Letras, nem de música nem de artes visuais — áreas em que se destaca como criador, pesquisador e crítico. Alguém apresenta o mais importante poeta brasileiro vivo como "autodidata"? Não. Caetano Veloso cursou apenas uns poucos períodos de filosofia: fala-se dele como um "autodidata"? Também não.

Autodidata é o Luiz Gama, é o Lima Barreto, é o Lino Guedes, é o Itamar Assumpção. E a coisa sempre pode ser pior. Se a uma Carolina Maria de Jesus não se dá nem mesmo a definição de autodidata (para a casa-grande literária, trata-se, tão só, de uma "favelada que escreveu livros"), no extremo oposto ao caso da autora de *Quarto de despejo*, temos o exemplo de Conceição Evaristo, cujo doutoramento em Letras é, muitas vezes, omitido, conforme o contexto cultural em que seu nome é mencionado.

Com a mana Fatima, uma das poucas pessoas com quem eu conversava na infância.

De resto, não me interessa ser tomado como exemplo de pessoa negra que reforçaria, com sua trajetória, os argumentos dos que defendem a ideia de mérito e de empenho individuais com o fim de negar a pertinência das cotas raciais como via de acesso à universidade. É justamente porque reconheço a importância do que aprendi no convívio com a "nossa pequena tribo" na consolidação do que sou hoje que rejeito a pecha de autodidata — reconhecendo, aqui, que, por muito tempo, fiz uso dela para escamotear o fato de que, mais do que escolher sair da escola "para ter mais tempo de estudar só o que e como eu quisesse", fui "saído" aos poucos das salas de aula, por professores que não escondiam o desconforto com a presença de um garoto negro em suas aulas.

"Só se for na África", me disse, com sarcasmo, o professor de história de quando eu cursava ao que hoje equivale ao sétimo ano, no Colégio Pampulha, em resposta a uma fala que despencou da minha boca de menino quase todo o tempo calado ("Eu sou povo, sei o que é povo") enquanto ele explicava a etimologia dessa palavra que serve a tantos e tão diversos propósitos políticos e ideológicos. No mesmo ano, o diretor do colégio, ao me chamar a atenção pela minha demora em voltar para a sala de aula, depois de uma ida ao banheiro, me pegou pelo braço e me bateu com um molho de chaves. Eu, que não apanhava em casa, não tive coragem de contar aos meus pais o ocorrido. E as inúmeras ocasiões em que mantive o braço erguido para fazer alguma pergunta a professores que só tinham olhos e ouvidos para os meninos brancos? E as aulas sobre a escravidão, quando toda sorte de estereótipos raciais era despejada sobre nós, naqueles tempos de ditadura Médici?

Mesmo um sujeito como o "professor Batatinha" (apelido racista, que destacava a forma e o tamanho do nariz do homem), um dos dois únicos professores negros que tive em toda a minha curta vida escolar, não perdeu a chance de me humilhar perante toda a classe, em que apenas o Tonico e eu éramos pretos retintos: mal eu comecei a formular uma pergunta, depois de ter sido ignorado por um tempo enorme, me interrompeu bruscamente com a observação, feita com o olhar voltado para os rapazes brancos, que já gargalhavam a não mais poder, de que nunca tinha ouvido nada tão estúpido ("Bem se vê que se trata de um negro. Você, calado, já está errado, rapaz", completou, para delírio da plateia, digo, da turma).

A escola me fez ver que eu me encontrava no lugar errado. Fui "saído" sem que me dissessem que eu deveria sair. Um tanto mais a cada dia. A cada olhar silencioso com que silenciavam a minha vontade de "participar" das aulas. A cada nota vermelha que me atribuíam nas provas de matemática, física ou química. A cada "brincadeirinha" de um que outro colega sobre o tom da minha pele ou a textura do meu cabelo. Eu sabia que perdia tempo na escola, mas não era, igualmente, um outro modo de perder tempo a tentativa de me tornar um jogador de futebol? Eu jogava por prazer, queria ser Ademir da Guia (já estaria de bom tamanho ser um Paulo César Caju, um Geraldo Assoviador, um Carlos Alberto Pintinho) naqueles tempos de implantação de "futebol-força" e de seleção brasileira comandada por oficiais do Exército.

Longe estavam os tempos do menino cinéfilo e leitor que encantava a professora, nas aulas de linguagem, com sua leitura cadenciada e envolvente, tal como aprendi com Américo. Também não deixou rastros o rapazote tantas vezes chamado, pelos colegas, de "mulherzinha", devido ao gosto pelas frases bem estruturadas, que para aqueles aprendizes de macho, meus queridos amigos do Campo Alegre, não passava de "mania de falar difícil". Diziam: "Parece que engoliu um dicionário". Eu ainda não conhecia a palavra "pernóstico", que só seria empregada a meu respeito anos depois, eu já adulto, com um primeiro livro publicado e uma boa chance de me tornar, no futuro, se a sorte me sorrisse, um respeitado poeta municipal.

"Pernóstico" e "perguntador", era como me viam alguns dos literatos belo-horizontinos. Na provinciana capital mineira, onde ostentar na carteira de identidade um sobrenome de família literária, cultivar um "cosmopaulistismo" de carteirinha e escrever corretamente uma meia dúzia de versos que não fedem nem cheiram já garantem um lugar ao sol das letras a qualquer estafermo que defina a si mesmo como poeta, escritor ou crítico, não pode mesmo haver tolerância para com um sujeito que, não bastasse a pele preta e a evidente falta de berço, ainda se apropria de códigos linguageiros que não são os de sua classe e os utiliza, desafiadoramente, como forma de denunciar as estruturas que organizam e sustentam a excludente vida literária nas Minas Gerais.

"Você é muito perguntador", me disse, certa vez, um desses literatos feitos de muita pose, questionável brancura e nenhuma competência. "Diziam que eu fazia perguntas demais", Américo me contou, sobre os tempos de convívio com os engenheiros ingleses que conheceu na mina de Morro Velho, em Nova Lima. Impossível deixar de pensar num conhecido ensaio da pensadora estadunidense bell hooks, *Escolarizando homens negros*, em especial no trecho em que ela se refere ao escritor Richard Wright, que era "constantemente interrogado por colegas e professores que procuravam silenciá-lo. Eles queriam saber 'Por que você faz tantas perguntas'?".

Um outro grande intelectual negro, o historiador e escritor brasileiro Joel Rufino dos Santos, responderia essa pergunta tão insistente com outra pergunta, ainda mais incômoda: "Para que serve o negro?" é o título de um artigo em que a resposta começa a ser dada já na primeira linha do primeiro parágrafo: "Para muitos [...] o que se indaga é pelo lugar econômico-social do negro [...]. O Negro serve em nossa sociedade para indicar o pior lugar: o inferno aqui não são os outros, mas os negros".

Somos o inferno, entre outros motivos, porque demonstramos, com nossas ideias e nossos corpos fora de lugar, que a democracia, "essa planta difícil de medrar nos trópicos", como asseverou Sérgio Buarque de Holanda, é palavra que só faz algum sentido se a população negra continuar a ser pensada apenas em termos de sua presumível força física, a ser utilizada em subempregos e em situações de trabalho análogo à escravidão. Afirmar que "somos o inferno" significa, também, lembrar que nossas existências, enquanto pessoas negras, já conformam, em si mesmas, a persistência de perguntas que a sociedade brasileira se recusa a escutar.

Estou seguro de que esta reflexão sobre a recusa do rótulo "autodidata", que agora publicizo, não se realizará a contento se eu não trouxer a público um dos muitos episódios que reiteram a surdez funcional da intelectualidade branca quando está em jogo a discussão acerca da projeção pública do pensamento dos e das intelectuais negros e negras. No início de 2022, de férias na Bahia, onde fui festejado por dezenas de pessoas queridas, todas negras, num almoço marcado pelo afeto e por muitas trocas dialógicas, recebi uma mensagem de WhatsApp enviada por uma amiga. Ela compartilhava comigo o link de um podcast em que uma psicanalista de São Paulo falava a meu respeito, num debate em torno das "discussões levantadas pelo texto em que o ator Marco Pigossi trata da sua saída do armário".

O debate me pareceu bastante rico e necessário, de início. A certa altura, porém, a referida psicanalista faz menção ao meu nome: "Eu lembro de um trabalho lindíssimo na Flip, do Ricardo Aleixo, que é um poeta, dançarino, gay, negro, o homem faz um trabalho maravilhoso onde ele expressa todo esse cruzamento aí... sofrimentos sociais... Bom, cadê o Ricardo Aleixo, que a gente mal ouve falar nele, né? É muito interessante como vai ter um apagamento de pessoas importantes, que já vêm falando disso há muito tempo, de formas muito mais bonitas e elaboradas, e o enaltecimento de algumas figuras que vão capitalizando, também, esse lugar... acho que essa é a questão...".

Ri muito quando ouvi essa definição que a psicanalista fez de mim. Eu estava com a minha companheira, Natália, e ela também achou engraçado o que ouviu. Que eu tenha sido definido como "gay" só me importa na medida em que é evocado o senso comum para "classificar" um homem negro em função daquilo que ele realiza. É um bailarino e é negro? Só pode ser gay. Não sou bailarino nem gay. Sou um artista da intermedialidade, ou seja, da relativização radical entre os gêneros artísticos — posição que assumi depois que, provocado pelos escritos de Donna Haraway, especialmente o livro *Antropologia do ciborgue*, que li por volta de 1999, comecei a colocar entre aspas a ideia de gênero na esfera da orientação sexual.

Nesse campo, "sou qualquer coisa de intermédio", para citar o belo verso de Mário de Sá-Carneiro. Vejo-me, percebo-me, sinto-me como alguém que pode situar-se em algum ponto difuso do sinal + que se lê na extensa sigla LGBTQIAP+. Em resumo, nem sou o gay "maravilhoso" (que recupera, de algum modo, o "mulherzinha" da infância) que vez por outra alguém entrevê em mim, nem sou o macho que o feminismo branco, de acordo com Angela Davis e outras autoras ligadas ao feminismo negro, tenta, historicamente, reduzir à dimensão de potencial estuprador. Ignoro por que motivo eu não poderia ser, por exemplo, "bailarino" e grosseiro com mulheres e homens, ou "gay" e abertamente machista, ou apenas "um cara que namora mulheres" e ao mesmo tempo busca se distanciar das ideias de masculinidade ainda em voga? Quem acompanha o meu trabalho conhece o poema "Aspas", publicado na edição de abril de 2022 da revista *piauí*, no qual eu falo explicitamente da minha descrença no aflorar de uma "masculinidade não tóxica" — da mesma forma como não creio na possibilidade de existência de um "capitalismo não selvagem".

Mas o que quero destacar, na fala da psicanalista que tentou me situar na zona algo etérea do "maravilhoso", é o seu total desinteresse pela minha existência concreta no mundo da literatura, das artes e do pensamento. Ela é que não me conhece, e esse desconhecimento transforma-se em motivo suficiente para dar vazão à perplexidade encenada numa pergunta como "cadê o Ricardo Aleixo, que a gente mal ouve falar nele?". Trata-se da típica postura de uma branquitude liberal que, no afã de se passar por "progressista", parece dizer, todo o tempo, que o que não é do seu conhecimento simplesmente não existe. Ora, para isso existem os mecanismos de busca na internet, as amizades bem informadas às quais se pode consultar, as publicações especializadas em literatura e arte e as redes sociais.

O que está de fato em questão, em casos como o que descrevo, é o velho vício de querer falar pelo outro, dado o desinteresse por uma real interação com esse outro. Qualquer pessoa que acompanha de perto os ambientes literário e artístico brasileiros constatará, de saída, que posso vir a ser — e já fui — alvo de qualquer uma das tantas formas de violência que o racismo é capaz de mobilizar contra a gente negra, mas não há a menor possibilidade de que me retirem, à força, o direito — duramente conquistado — à presença ativa, no debate sobre a arte e a cultura do país, de uma perspectiva afinada com o pensamento afro-diaspórico radical contemporâneo. Eis o que não aceitam: que nós, pessoas negras de agora, possamos pensar, falar e agir sem a tutela de gente branca saudosa do tempo, não muito distante, em que achavam que podiam e deviam falar em nosso nome. Não podem. Não devem.

Fecho este capítulo com uma última consideração sobre um outro motivo, talvez o mais importante dentre os que me levam a abjurar a palavra "autodidata". À luz das cosmopercepções africanas, esse vocábulo de matiz inequivocamente eurocêntrico não quer dizer nada, porquanto a transmissão de conhecimentos, em tais contextos, é tarefa comunitária, e dessa comunidade fazem parte os bichos, as plantas, os minerais, as águas, o ar, o sol, a lua, as estrelas, a noite, os orixás, os inquices, o dia, os ancestres, as forças ocultas que regem a vida e o mundo, as pessoas mais velhas e as que nem nasceram ainda.

"'Esteja à escuta', dizia-se na velha África. 'Tudo fala, tudo procura nos comunicar um conhecimento.'" Intuitivamente, desde menino tento escutar esse "tudo" que fala. Com o passar dos anos, essa intuição tornou-se um modo de ser e estar no mundo. Sendo, como acredito ser, um africano nascido fora do continente onde nasceram os pais e as mães dos pais e das mães dos pais e das mães dos pais do meu pai e da minha mãe, não há por que me definir como alguém que ensinou a si mesmo o pouco que sabe. Se afirmo, no cantopoema "Minha linha", que "sempre fui meu próprio mestre", é tão só com a finalidade de concluir que "ainda não aprendi nada/ não me considero pronto/ em matéria tão complexa/ quanto a arte de entortar/ a linha que nem a morte/ há de um dia endireitar". O que aprendi só comigo foi a escolher, com critério e nenhuma pressa, de quem e de quais forças eu seria discípulo em todas as fases desta minha vida que já pode ser chamada de longa.

Tentei sintetizar minha posição em relação ao tema principal deste capítulo num outro poema, "Mestre é quem te dá ensinamento", publicado até agora apenas nas redes sociais. Foi escrito em 2018, quando eu me recuperava dos ataques que sofri em uma das mais sórdidas campanhas de calúnia e difamação de que se tem notícia na história recente da literatura brasileira, da qual saí fortalecido pela adoção de novos e inesperados mestres:

> mestre é alguém ou algo
> que te dá ensinamento.
> mesmo o vento pode ser
> um mestre. uma pedra.
> o mar quando quebra na
> praia e é terrível. os olhos

de um bicho. o negror de
um corpo amado. o antigo
amigo que agora te evita.
o que a tua filha não te diz.
a matilha que te calunia.
o terror racial. a solidão
benfazeja de um
dia apenas começando.
não cultivar expectativas.
o haver sol. o voo das ando-
rinhas que fazem a rota
campo alegre-texas. teu
pequeno sendo teu pai.

Com Augusto

No final de outubro de 2021, Natália e eu estivemos no Museu da Língua Portuguesa para conferir as duas obras de minha autoria que integram as mostras permanentes Rua da Língua e Falares. Passamos cerca de três horas no museu, curtindo as mostras e filmando a "metaperformance" que improvisei em frente à minha videoperformance — filmada, em setembro de 2020, pelo diretor Leandro Lima, a partir de roteiro proposto pelo professor, ensaísta, compositor, pianista e amigo querido Zé Miguel Wisnik, esse mestre da sutileza que me dirigiu sem dar a entender que me dirigia.

Da Rua da Língua fazem parte obras de outros artistas e grupos dedicados às poéticas intermídia. Quando surgiu nos impressionantes 106 metros de extensão da tela o poema *cidade city cité*, de Augusto de Campos, manifestei o meu entusiasmo apontando com o dedo indicador da mão direita aquela total maravilha verbivocovisual, em uma novíssima versão. Natália fotografou a cena. Não postei a foto de imediato nas redes sociais, como costumo fazer.

Qual não foi a minha surpresa ao receber, semanas depois, encaminhada por Isa Grispum Ferraz, diretora da instituição, uma foto-registro da visita de Augusto à mostra, acompanhado por Lygia, sua companheira de toda uma vida. O mais importante poeta em atividade no Brasil, hoje, aponta o dedo indicador da mão direita para a minha imagem multiplicada na tela, em meio ao entrecruzamento de sons dos diferentes poemas que vocalizei durante a performance.

Fiquei feliz com a sincronicidade, essa força que, tal como a multiplicidade e a simultaneidade, é mobilizada por Exu, o *trickster*. Vi os nossos gestos como uma imprevista demonstração de admiração, respeito e afeto mútuos que nos liga desde o distante 1993, quando tivemos nosso primeiro cara a cara, numa alegre e conversável noite na casa do poeta Affonso Ávila, e passamos a nos corresponder por meio de cartas e, mais tarde, e-mails.

Em 1998, na condição de integrante da comissão curatorial da Bienal Internacional de Poesia de Belo Horizonte, convidei-o para dar uma palestra, apresentar o espetáculo intermídia *Poesia é risco*, junto com o baixista e compositor Cid Campos e o videoartista Walter Silveira, e participar da mostra coletiva Palavras a Olhos Vendo. Augusto enviou os *Poemóbiles* e a *Caixa preta*, criações dele e do imenso Julio Plaza, com a recomendação de que as obras, ao final da exposição, deveriam ser entregues a mim, em lugar de serem devolvidas para o seu endereço — tal qual fizera, na década anterior, o compositor, poeta e artista visual John Cage, que deu de presente a Augusto a obra com que participou da Bienal de São Paulo de 1986.

Ter me tornado amigo de Augusto fez com que eu passasse a admirá-lo ainda mais. Sinto-me tocado, em especial, por sua obstinação em continuar "a defender causa perdida" (a poesia "de alto repertório"), para lembrar um trecho da letra do samba composto por seu pai, Eurico, que ele gravou lindamente no álbum *Poesia é risco*, acompanhado por Cid ao violão. Essa recusa em dançar conforme a música é coisa rara de se ver neste país de mentalidade novidadeira e velhofóbica. Para obtermos a real dimensão da presença ativa e luminosa de Augusto no ambiente da poesia brasileira contemporânea, será de bom proveito recordarmo-nos da conhecida afirmação de

Paulo Leminski acerca da poesia como "uma espécie de heroísmo, você continuar ao longo dos anos acreditando nessa coisa inútil que é a pura beleza da linguagem, que é a poesia, é um heroísmo, é uma modalidade quase, às vezes eu gostaria de acreditar, de santidade".
Exagero do Leminski — no tocante a Augusto, pelo menos. Nem herói nem santo, Augusto é simplesmente aquela pessoa artista que ousou fazer da criação poética (instância da qual fazem parte a tradução, a reflexão, a crítica e a performance) um meio privilegiado de presentificação radical das conexões intersígnicas que, desde os nossos ancestrais mais remotos, fazem da arte uma forma de vida irredutível a usos previamente determinados pelos que se definem como donos do mundo. E isso nada tem a ver com a faixa geracional a que se pertence.

"O antigo que foi novo é tão novo quanto o mais novo novo": pode-se ler essa frase como uma divisa poética de Augusto. Não me espanta ver o poeta, agora um nonagenário, às voltas com as proezas verbivocovisuais que caracterizam o seu estilo composicional. Me espanta é o contrário: que seja tão pequeno o número dos e das poetas "jovens" que, entre nós, se dedicam a desafiar as convenções linguageiras e a oferecer ao escasso público leitor de poesia mais do que mais do mesmo.

Que tenhamos obras vizinhas no Museu da Língua Portuguesa só confirma a pertinência da intuição do adolescente que decidiu prestar atenção no que fazia o poeta que chegou antes, mas sem jamais tentar imitá-lo. (Zé Miguel me contou isto: que no exato momento em que aparece na tela a minha imagem, Augusto "expressou admiração pela sua voz, pelo timbre, a presença, deixando claro que eram atributos de uma voz negra", algo assim). É bom saber que o meu mestre e amigo também tem prestado atenção no que faço. No que soo.

É certo que a poesia estará lá, rapaz

O poeta Reuben da Rocha é um dos grandes amigos que a vidapoesia me deu. Ele desaparece e, quando menos se espera, me envia áudios de vinte minutos logo ao alvorecer — e eu os escuto enquanto passo o café. Às vezes eu danço as palavras dele. Reuben conhece bem o que faço. Me disse ele, num desses áudios, que ao contrário do que se passa com a maioria do pessoal da poesia nossa, que faz lançamentos de livros onde só vão outros e outras poetas, familiares e as amizades muito sólidas, nas minhas aparições públicas se vê de tudo que é gente: profissionais da educação, estudantes, mães e pais com suas crias, pessoal LGBTQIAP+, juventude militante do movimento negro, povo da música, do teatro e das artes & manhas em geral e até poetas.

Fiquei pensativo. Porque isso me parece o justo: colocar em prática aquilo que já afirmei várias vezes: que qualquer lugar pode ser bom para a poesia, motivo pelo qual eu aceito convites para performar em presídios, igrejas, escolas públicas que mantêm turmas de educação de jovens e adultos, encontros de psicanalistas, faculdades nas quais a minha obra é estudada por gente que nunca havia lido poesia antes de topar com algum livro meu e muitos outros sítios distantes do acesso à literatura e, em especial, à palavra poética. Minha mãe concordaria com o Reuben. Diria que eu fiz "por onde" merecer a alegria de encontrar, no Brasil e fora daqui, tantas pessoas interessadas na arte que faço. Guardo no coração alguns desses encontros.

Como a vez, em 2012, em que fui à Bahia para oferecer uma oficina de performance, a convite da Secretaria de Estado da Cultura. Sabendo da minha passagem por Salvador, meu irmão Hamilton Borges, escritor e coordenador da Quilombo Xis — Ação Cultural Comunitária e da campanha "Reaja ou será morta, reaja ou será morto", me perguntou se eu toparia fazer uma visita aos internos do Presídio de Segurança Máxima de Salvador.

Aceitei sem hesitar, porque me pareceu muito bonito o projeto que o pessoal desenvolvia por lá, o Intramuros: a cada quinze dias, cerca de duzentos livros eram colocados dentro de uma mala e disponibilizados para os internos, que podiam lê-los nas três horas de visita a que tinham direito. Revi, ainda agora, o registro em vídeo da minha visita, e a emoção foi a mesma. Era dia de inauguração do palco do presídio, construído no centro do pátio. Fui recebido por um coro de mais de 350 vozes: "Quilombo Xis! Ui! Quilombo Xis! Ui! Ui! Ui! Ui! Ui!". Hamilton só disse ao pessoal o meu nome e o que eu fazia na vida, à guisa de apresentação, e me passou o microfone. "Boa tarde, meus irmãos!", eu disse, feliz por poder compartilhar com eles o pão da palavra. A sincera evocação da ideia de irmandade tocou o coração dos internos, que me aplaudiram por um tempo bastante longo. Retribuí o carinho com a entoação do poema "Palavrear". Sabem lá o que é reger um coro formado pelas vozes de centenas de homens privados de liberdade? Poucas vezes os versos "eu jogo palavra no vento/ e fico vendo ela voar" foram entoados com tamanha afinação. Na saída, ganhei muitos abraços e fui brindado com um novo "grito de guerra": "Ricardo Aleixo! Ui! Ricardo Aleixo! Ui! Ui! Ui! Ui!".

Dias depois, Hamilton me fez um emocionado relato daquela tarde inesquecível: "Riquinho, que era o líder, saiu em liberdade, um dia depois de sua visita, e pela tradição do povo lá você é sangue bom, anda com a liberdade em seus pés, e ainda tinha aquela poesia de voar, voar é a única coisa que os caras sonham, a liberdade só vem com asas, para transpor os muros, com um buraco para cingir os muros, ou com um alvará da justiça". Muitos desses homens — Riquinho era um deles — esperavam havia anos por uma visita dos parentes e dos amigos e por um advogado que olhasse para o seu caso com real interesse. Esse encontro foi decisivo para que eu passasse a buscar meios de me atualizar no debate acerca do projeto de encarceramento em massa da população negra, numa nova etapa do racismo mundializado. Passei a me declarar um abolicionista prisional e a falar publicamente sobre o tema — projeto da direita que conta com o silêncio conivente de setores da esquerda —, inclusive no exterior.

Outra experiência memorável que eu vivi se deu em fins de 2018. Convidado por um outro amigo, o professor de literatura Alexandre Castro, que à época oferecia uma oficina no âmbito do projeto Rodas de Leitura, do Serviço Voluntário de Assistência Social (Servas), cujo objetivo era a redução das penas dos encarcerados conforme o número de livros lidos por cada um durante o ano. Um dos livros lidos e estudados pela turma foi a minha antologia *Pesado demais para a ventania*. No dia da visita, pude debater vários poemas com o pessoal. Um dos homens afirmou que o poema "Poética", que se resume, em termos estruturais, à superposição gráfico-visual de um único verso ("construir/ sobre/ ruínas"), remete à vida dos detentos. Tocado por essa observação tão sensível e certeira, Castro, que então trabalhava na escrita de sua tese de doutorado — defendida em 2021 —, deu ao documento o título *Construir sobre ruínas: Leitura e escrita em ambientes de privação de liberdade*.

Tudo isso me alegra e me anima a prosseguir na espécie de "jornada iniciática" que a linguagem poética representa para mim desde que resolvi dedicar todos os dias da minha existência à relação com esse modo insubstituível de conhecimento do mundo. Não nego que me envaidece ter a minha obra lida, estudada e até mesmo celebrada em diferentes pontos do Brasil e do mundo — nem nos meus maiores delírios juvenis eu poderia supor tal possibilidade —, mas preciso revelar que o que de fato me fascina, enquanto poeta, é o contato com pessoas para quem, até o momento de sua primeira aproximação de algo que escrevi ou vocalizei, a poesia pouco ou nada representava. O que me leva a pensar que o bonito da arte da palavra é o seu condão de poder desaparecer do mundo sem que ninguém dê por sua falta, e que mais bonita ainda é a sua capacidade de voltar a vibrar como se sempre tivesse estado ali, aí, aqui. No mundo. No "imaginário da totalidade-mundo", para dizer como Édouard Glissant. No coração e no corpo das pessoas. De qualquer pessoa.

Dias atrás, aconteceu de novo algo que me fez pensar na força do poético. Luciana D'Ingiullo, uma professora de São Paulo que dá aulas online de português para imigrantes que residem em diferentes regiões do Brasil, me escreveu para contar que uma aluna dela traduziu para o árabe o meu poema "O peixe não segura a mão de ninguém", publicado originalmente no livro *Modelos vivos* e reproduzido no *Pesado demais para a ventania*. A professora adquiriu alguns exemplares do livro — com recursos próprios — para presentear a turma, o que, tendo em vista o tenebroso momento pelo qual passamos neste país-pesadelo, já constitui, em si, um gesto político dos mais relevantes. Junto com as quatro páginas da tradução, que pretendo imprimir e emoldurar, Luciana me enviou dois áudios, com as gravações realizadas por M, sua aluna sudanesa, em árabe e em português. Vivi um instante de epifania com a escuta de uma leitura que só posso captar como música, tal como acontece quando me apresento em países onde não se fala o português. Da mesma forma, ouvir o português pronunciado por alguém que depende do aprendizado do "português-brasileiro" para continuar a sonhar com o direito a uma vida digna no Brasil reforçou a minha percepção de que a poesia é, ela própria, sempre uma língua estrangeira, estranha, outra — e por isso necessária.

Meu pensamento recua até uma noite fria de sábado em Belo Horizonte, dentro de uma lanchonete, quando eu contava uns 25 anos. Senti um arrepio e olhei instintivamente para o lado esquerdo da mesa que eu ocupava. Além das funcionárias, que se entretinham com os planos para a noite e o domingo, não havia mais ninguém no lugar, mas eu sentia como que uma presença. Fixei o olhar na direção de onde deveria ter alguém e senti um arrepio ainda mais forte. Só pode ser o meu anjo da guarda, pensei, sorrindo. Durante a madrugada, em casa, sonhei com o anjo. Pela primeira vez pude distinguir seus traços. Ele é negro e esguio, como sempre o imaginei, usa um barrete preto e vermelho. Perguntei seu nome, e ele me respondeu com um sorriso pelintra. Voltei a pegar no sono. Sonhei que caminhava em meio a escombros, num lugar que poderia ser o Campo Alegre do tempo velho, ainda sem as casas, só o sítio do padre Pedro Pinto e a mata espessa ao redor. Ouvi uma voz sem rosto nem corpo que, em tom pausado e muito suave, me disse o seguinte: "Na hipótese de haver um futuro (sombrio ou luminoso) para a assim chamada humanidade, é certo que a poesia estará lá, rapaz. Siga o seu caminho, está me ouvindo? Apenas siga o seu caminho e faça o seu trabalho".

Assim tenho feito desde então. Ando por caminhos tortos, a seguir ou não os rastros de quem veio antes de mim e a deixar

Na página ao lado: com "Vô Matias", um amigo da nossa pequena tribo, e Américo. Esta foto já apareceu em *Modelos vivos* (2010) como parte do poema "O peixe não segura a mão de ninguém".

os meus próprios rastros por onde passo. A poesia é o meu trabalho — meu ebó, minha mandinga, meu feitiço, meu fetiche, minha reza braba, meu patuá, meu jeito de aprender a ser folha e floresta, galho e vento, água e peixe, eu mesmo e um outro, outras pessoas-muitas. Daí o meu apreço por estes dois versos: "*poetry makes nothing happen*" (a poesia não faz nada acontecer) e "*At the end of this sentence, rain will begin*" (Ao final desta frase começará a chover).

O primeiro é de W. H. Auden, e o segundo, de Derek Walcott. Tanto gosto de pensar, quanto à proposição do poeta inglês, que a poesia não faz nada acontecer por ser ela o único acontecimento que pode resultar da tentativa de se escrever um poema, quanto me apraz observar, sob a chuva que não cessa de cair do poema do antilhano Walcott, a gama de possibilidades propiciadas pela irrupção do poético — as quais nem poeta nem leitores poderão prever. Está certo João Cabral de Melo Neto, ao dizer que "não há guarda-chuva/ contra o poema/ subindo de regiões onde tudo é/ surpresa". Todos os dias eu recebo notícias de que só faz crescer o número das pessoas que, por toda parte, acreditam na força da palavra poética como um meio poderoso de, ao mesmo tempo, contribuir, como digo no poema "Quando soa a nossa voz", com a destruição do "mundo velho [que] ainda não desabou de vez" e trabalhar pela emergência do "mundo novo [que] já emite seus sinais".

© Ricardo Aleixo, 2022

Todos os direitos desta edição reservados à Todavia.

Grafia atualizada segundo o Acordo Ortográfico da Língua Portuguesa de 1990, que entrou em vigor no Brasil em 2009.

capa
Acauã Novais
imagem de quarta capa
Natália Alves da Silva
preparação
Ana Alvares
revisão
Jane Pessoa
Tomoe Moroizumi

Todas as fotos constantes desta edição pertencem ao arquivo pessoal do autor.

Dados Internacionais de Catalogação na Publicação (CIP)

Aleixo, Ricardo (1960-)
Sonhei com o anjo da guarda o resto da noite : vidapoesia / Ricardo Aleixo. — 1. ed. — São Paulo : Todavia, 2022.

ISBN 978-65-5692-365-9

1. Literatura brasileira. 2. Ensaio. 3. Memórias. 4. Infância - Rio de Janeiro (RJ). I. Título.

CDD B869.4

Índice para catálogo sistemático:
1. Literatura brasileira : Ensaio B869.4

Bruna Heller — Bibliotecária — CRB 10/ 2348

todavia
Rua Luís Anhaia, 44
05433.020 São Paulo SP
T. 55 11. 3094 0500
www.todavialivros.com.br

fonte
Register*
papel
Pólen natural 80 g/m²
impressão
Geográfica